KB196249

군주론

Il Principe

Il Principe

Niccolò Machiavelli

군주론

■● 문예인문클래식

Il Principe

니콜로 마키아벨리
박상진 옮김

문예출판사

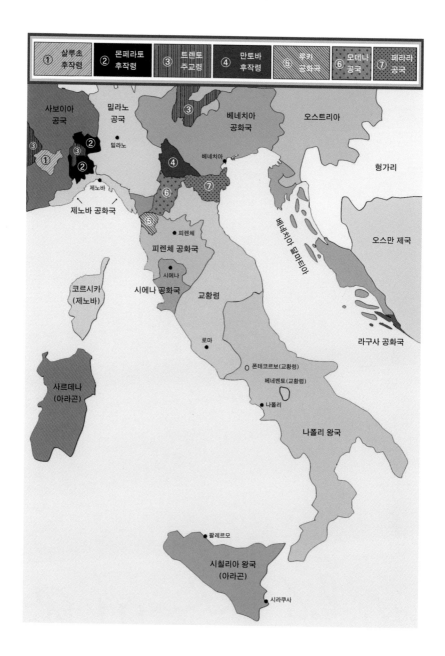

| ① 살루초 후작령 | ② 몬페라토 후작령 | ③ 트렌토 주교령 | ④ 만토바 후작령 | ⑤ 룽카 공화국 | ⑥ 모데나 공국 | ⑦ 페라라 공국 |

사보이아 공국

밀라노 공국

밀라노

③

① ③ ② ② ②

제노바

제노바 공화국

트렌토 주교령 ③

베네치아 공화국

베네치아

④

⑥ ⑦

⑤

피렌체

피렌체 공화국

오스트리아

헝가리

오스만 제국

베네치아 달마티아

코르시카 (제노바)

시에나

시에나 공화국

교황령

라구사 공화국

사르데냐 (아라곤)

로마

폰테코르보(교황령)
베네벤토(교황령)

나폴리

나폴리 왕국

팔레르모

시칠리아 왕국 (아라곤)

시라쿠사

15세기 후반 이탈리아반도
메디치 가문이 피렌체에서 추방당한 1494년의 이탈리아반도 지도로,
심각한 분열에 휩싸인 당시 모습을 여실히 보여준다. 분열은 외세의 개입을 불러와 한층 더 복잡한
권력 구도를 형성하기 마련이다. 마키아벨리의 정치사상은 이러한 현실에 대한
정확한 관찰과 분석 위에서 실질적 대안을 제시하는 가운데 세워졌다.

마키아벨리 서명

자필 서명은 개인의 정체성을 보여준다.
마키아벨리의 서명은 그의 간결하고 반듯한 성격을 드러낸다.
비교적 명확한 글씨체가 공식 문서를 대하는 진지하고 성실한 자세를 담은 듯하다.

마키아벨리 초상화 (산티 디 티토, 1550∼1600년경)
이탈리아의 화가 산티 디 티토가 마키아벨리 사후에 그린 초상화로,
마키아벨리의 진지하고 심오한 내면을 얼굴 표정으로 잘 표현했다.
배경을 단순하게 처리하여 인물에 집중하도록 해준다.

일러두기

1. 이 책은 니콜로 마키아벨리Niccolò Machiavelli의《군주론 *Il Principe*》을 완역했다.
2. 각주는 모두 옮긴이 주다.
3. 본문에서〔 〕은 옮긴이가 이해를 돕기 위해 넣은 글을 표시한다.
4. 책에 실린 사진과 그림, 도표 등은 글의 이해를 돕기 위해 옮긴이가 넣었다.
5. 직접 인용한 문장이나 용어 등은 큰따옴표로 표시했다.
6. 주석의 인용 도서 출처 표기 중 국내 출간 도서는 국내 서지 정보를 기준으로 했다.
7. 찾아보기에는 옮긴이 주의 내용도 포함했다.
8. 인명과 지명은 국립국어원의 외래어표기법을 따랐다.

옮긴이의 말

마키아벨리의《군주론》은 지난 500여 년 동안 인간 문명을 대표하는 고전 가운데 하나로 자리 잡았다. 고전은 시대와 사회를 넘나들며 독특한 해석과 평가의 대상이 되는 동시에 새로운 문제와 성찰의 마당을 제공한다.《군주론》은 그러한 고전의 정의와 역할에 잘 부응하는 책이다.《군주론》이 시대와 사회를 가리지 않고 수많은 논쟁을 불러일으켰다는 사실은 늘 발전적 사고와 실천의 지평을 열어주었다는 뜻이다. 다만, 우리와 다른 서양 고전의 사회적, 역사적 문맥을 충분히 이해하고 우리 스스로의 맥락에 적용하여 살펴볼 필요가 있다.

번역은 맥락에 근거하여 가닥을 이어주는 작업이다.《군주론》이 탄생한 당시의 전후 사정과 21세기 중반을 향해 질주하는 현대 한국의 흐름을 연결하기 위해 우선 저자 마키아벨리의 언어를 정확히 이해하려 애썼다. 나아가 원문에 담긴 그의 내면과 경험을 깊이 들여다보고, 그를 둘러싼 사회 환경과 지적 흐름을 파악해야 했다. 또한 저자의 의도를 더 선명하게 전달할 수 있도록 옮긴이 주와 해제를 마련해야 했다. 물론 그 모든 것을 옮길 수 있도록 우리말을 적절히 빚어내는 일은 더욱 중요했다. 이런 식의 자세와 구성이 무릇 고전 번역의 바람직한 방향이라고 생각한다.

《군주론》이 정치학 이론서라는 일반화된 평가는 다시 생각할 필요가 있다. 《군주론》은 이론과 구조를 설명하는 체계적 학술서가 아니라 실제 행동에 나서도록 설득하는 실용적 연설서에 가깝다. 이 목표를 달성하기 위해 마키아벨리는 탁월한 수사학 장치를 동원했다. 특히 외교관으로 활동할 때 보고서를 작성하며 습득했던 뛰어난 글쓰기 능력을 그대로 발휘하여 《군주론》을 간결한 문체와 조리 있는 내용으로 채우고자 했다. 이미 공직에서 물러난 처지에서 오직 글쓰기를 통해 자신의 생각과 주장을 펼쳐내려고 한 만큼, 독자를 설득하는 힘을 불어넣어야 했다.

이러한 측면에서 《군주론》을 번역할 때 무엇보다도 술술 읽히고 쉽게 이해할 수 있는 문장 구성을 목표로 삼았다. 마키아벨리가 정연한 문체와 설득력이 뛰어난 내용을 목표로 했다고 해도, 500년 전에 쓰인 《군주론》의 표현이 압축적이고 문장은 복잡 미묘하다는 사실을 부정하기는 힘들다. 표현을 풀어 설명하고, 문장과 문장을 매끄럽게 연결하며, 마키아벨리의 정확한 의도와 섬세한 개성을 쉬운 말로 전달하려 노력했다. 특정 대상을 앞에 놓고 현실적 조언을 제공하는 방식임을 염두에 두고 구어체 감각을 살리고자 했다. 독자들이 마키아벨리의 음성을 직접 듣는 듯한 생생한 느낌을 받기 바란다. 그뿐만 아니라 다양한 그림 자료와 넘치지 않을 만큼의 풍부한 옮긴이 주와 해제를 달아 독자의 이해를 돕고자 했다. 문맥의 완성을 위해 필요한 구문은 〔 〕 표시 속에 보충했다. 부족한 점은 독자의 질정을 바란다.

조르조 인글레세가 풍부한 주석을 곁들여 편집한 판본(Niccolò Machiavelli. *Il Principe*. a cura di Giorgio Inglese. Torino: Einaudi. 2014)을 저본으로 선택했다. 판본마다 특정 용어나 구절이 다른 경우에는 인글레세의 입장을 따랐다. 따로 참고한 판본들은 다음과 같다. Niccolò Machiavelli. *Il Principe*. a cura di Rinaldo Rinaldi. Milano: UTET. 2021. 내용 해설은 물론이고 각 용어와 표현에도 매우 자세한 설명을 덧붙인 리날도 리날디의 판본은 본문을 충분히 이해하는 데 큰 도움이 되었다. Niccolò Machiavelli. *Il Principe*. a cura di Luigi Firpo. Torino: Einaudi. 1961. 루이지 피르포의 판본은 원문의 구성과 언어를 비교할 때 유용했다. 다음과 같은 영어 번역판들도 참조했다. Niccolò Machiavelli. *Il Principe: The Prince*. Edited by Quentine Skinner and Russell Price. Cambridge: Cambridge University Press. 2019; Niccolò Machiavelli. *Il Principe: The Prince*. Translated by Ninian Hill Thomson. Chichester: Capstone Publishing Ltd. 2010. 영어 번역자들이 《군주론》의 문장을 어떻게 다루고 어떻게 나누고 합치며 옮겼는지 검토하면서 본문을 더 정확하게 이해하고 의미를 전달받았다. 특히 부록으로 실은 용어 설명과 주제별 색인을 긴요하게 사용했다.

인류가 맞닥뜨린 전대미문의 위기와 전환의 시대에 정치의 중요성은 날로 커지고 있다. 특히 우리나라는 오래 이어진 분단 체제 아래서 이념, 계급, 지역, 세대, 젠더, 종교, 환경의 갈등과 대립이 날로 첨예해지는 상황에 놓여 있다. 이는 우리나라가 세계적 모순과 한계가 집약된 최전선이자 그 뒤엉킨 실타래를 풀어나갈 방향을 보여줄 시금석이라는 뜻이기도 하다. 마키아벨리식으로 말해, 시련은 구원을 위한 토대다. 무릇 외세는 공동체의 분열을 야기하고, 분열은 민중의 역량을 와해하는 동시에 소수의 부패와 탐욕을 만연하게 하며, 이는 다시 외세에 의존하는 악순환으로 이어진다. 마키아벨리는 이를 군주가 직면하고 대처하며 해결해야 할 핵심 문제로 제시한다. 그가 강조하는 민중의 역량은 우리의 경우 자주라는 개념으로 다가온다. 자주 없이는 분단 체제의 극복이 요원하고, 일방적 외세에 의존하는 한 분열과 불화의 씨앗이 생장하여 독버섯처럼 퍼져나가는 흐름을 막을 길이 없다. 인류의 고전《군주론》이 우리가 직면한 역사적 과제 앞에서 정치적 지혜를 모으는 밀알이 되기를 바란다.

2024년 가을
박상진

차례

헌사의 편지 니콜로 마키아벨리가 위대한 로렌초 메디치[1] 님께 드리는 인사

군주[2]의 은혜를 얻고자 하는 사람은 대개 자기가 가진 가장 귀중한 것이나 군주가 흡족하게 여길 만한 것을 들고 군주를 알현하기 마련입니다. 그리하여 말, 무기, 금실 직물, 보석을 비롯해 군주의 위엄에 어울릴 만한 장식물을 준비하여 나타나는 경우가 많습니다. 저도 전하께 충성한다는 증거를 보여드려 저 자신을 바치고자 하옵니다. 그런데 제가 지닌 것을 모두 둘러봐도 위대한 인물의 행위에 관한 지식만큼 귀중하고 가치 있는 무언가를 찾지 못했습니다.

---

1   로렌초 일 마니피코(1449~1492)가 아니라 그의 아들인 피에로 데 메디치 (1472~1503)의 아들이자 조반니 데 메디치(1475~1521, 교황 레오 10세)와 줄리아노 디 로렌초 데 메디치(1479~1516, 느무르 공작)의 조카인 로렌초 디 피에로 데 메디치(1492~1519, 로렌초 2세이자 우르비노 공작)를 가리킨다. 로렌초 디 피에로 데 메디치는 1512년 메디치 가문이 피렌체의 통치권을 되찾은 뒤 1513년 줄리아노 디 로렌초 데 메디치의 뒤를 이어 메디치 가문의 수장이 되었다.

2   "군주"의 원어 'principe'는 《군주론》에서 군주국, 왕국, 공국, 제국, 공화국 등을 다스리며 전제 정치를 펴는 지배자를 뜻한다. 때로는 수장이나 지도자를 가리키기도 한다. 마키아벨리는 필로포이멘(14장)이나 한니발(17장) 같은 장군도 군주라고 불렀다.

로렌초 디 피에로 데 메디치 초상화(라파엘로 산치오, 1516~1519년경)
마키아벨리는 로렌초 디 피에로 데 메디치에게 《군주론》을 헌정한다고 밝혔다.
그는 메디치 가문이 이탈리아의 정치적 혼란을 안정시키기를 바랐던 한편,
메디치 가문과의 관계를 통해 자신의 정치적 입지를 다시 다지고자 했다.

오래된 것을 계속 공부하고 새로운 것을 오랫동안 경험하여 얻은 지식입니다.[3] 저는 최선의 주의를 기울여 오랜 시간 열심히 연구하고 검토한 내용을 이제 이 작은 책으로 간추려 전하께 바칩니다.

비록 전하께 바치기에 부족한 책이라 생각하지만 그래도 전하께서 자비로이 받아주시리라 굳게 믿습니다. 숱한 난관과 위험을 겪으며 오랜 세월 연구한 모든 지식을 전하께서 지극히 짧은 시간에 충분히 이해하실 수 있도록 하는 일이 제가 드릴 수 있는 가장 큰 선물이기 때문입니다. 흔히 많은 사람이 과장된 문장이나 허장성세의 표현 또는 어색한 수사와 장식으로 글을 꾸미고 채우려 하지만, 저는 그렇게 하지 않았습니다. 〔그러니〕 제가 이 책으로 명예를 얻는다면 온전히 내용의 다양성과 주제의 중요성을 인정받아서일 것입니다.

신분이 낮고 천한 사람이 감히 군주의 통치를 논하며 규정한다고 해서 주제넘은 일로 여기지 않으시기를 바랍니다. 풍경을 그리는 사람이 산과 높은 곳의 본성을 살피기 위해 평지로 내려가고 낮은 곳의 본성을 살피기 위해 산의 가장 높은 곳으로 오르는 것처럼, 민중의 본성을 적절하게 이해하려면 군주가 될 필요가 있고 군주

---

3   "오래된 것"은 고대와 중세에 걸쳐 나온 고전 지식을, "새로운 것"은 르네상스 이후에 나온 근대 지식을 가리킨다. 마키아벨리는 세상에 대한 오랜 경험과 착실한 독서를《군주론》과 더불어《티투스 리비우스의 로마사 처음 10권에 대한 논고》를 쓰는 토대로 삼았다(이하《로마사 논고》로 표기하며 다음 책을 참고했음을 밝힌다. 니콜로 마키아벨리,《로마사 논고》(강정인·안선재 옮김, 한길사, 2003).《로마사 논고》의 〈헌정사〉 참조).

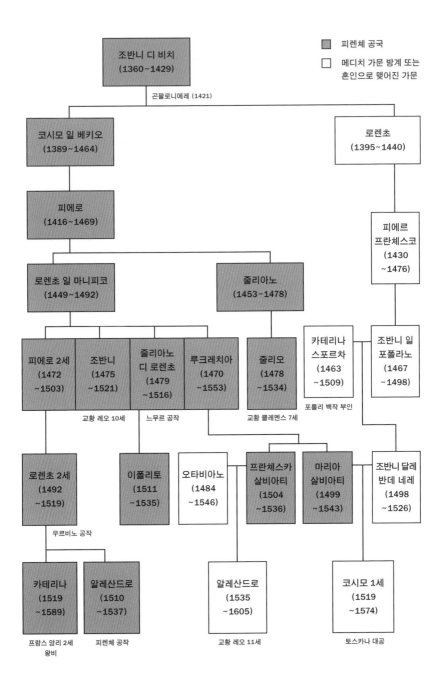

피렌체 공국

메디치 가문 방계 또는
혼인으로 맺어진 가문

조반니 디 비치
(1360~1429)

곤팔로니에레 (1421)

코시모 일 베키오
(1389~1464)

로렌초
(1395~1440)

피에로
(1416~1469)

피에르
프란체스코
(1430
~1476)

로렌초 일 마니피코
(1449~1492)

줄리아노
(1453~1478)

피에로 2세
(1472
~1503)

조반니
(1475
~1521)

줄리아노
디 로렌초
(1479
~1516)

루크레치아
(1470
~1553)

줄리오
(1478
~1534)

카테리나
스포르차
(1463
~1509)

조반니 일
포폴라노
(1467
~1498)

교황 레오 10세   느무르 공작   교황 클레멘스 7세   포를리 백작 부인

로렌초 2세
(1492
~1519)

이폴리토
(1511
~1535)

오타비아노
(1484
~1546)

프란체스카
살비아티
(1504
~1536)

마리아
살비아티
(1499
~1543)

조반니 달레
반데 네레
(1498
~1526)

우르비노 공작

카테리나
(1519
~1589)

알레산드로
(1510
~1537)

알레산드로
(1535
~1605)

코시모 1세
(1519
~1574)

프랑스 앙리 2세
왕비

피렌체 공작

교황 레오 11세

토스카나 대공

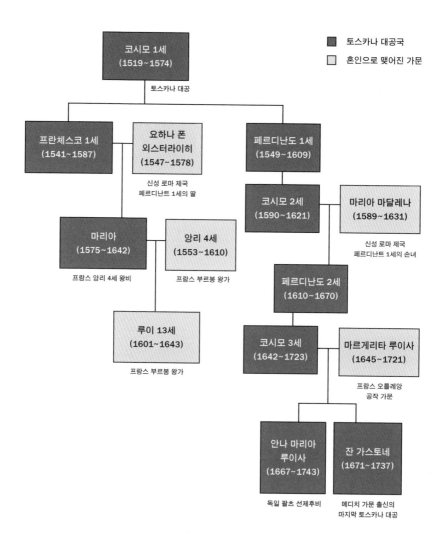

토스카나 대공국
혼인으로 맺어진 가문

코시모 1세
(1519~1574)
토스카나 대공

프란체스코 1세
(1541~1587)

요하나 폰
외스터라이히
(1547~1578)
신성 로마 제국
페르디난트 1세의 딸

페르디난도 1세
(1549~1609)

코시모 2세
(1590~1621)

마리아 마달레나
(1589~1631)
신성 로마 제국
페르디난트 1세의 손녀

마리아
(1575~1642)
프랑스 앙리 4세 왕비

앙리 4세
(1553~1610)
프랑스 부르봉 왕가

페르디난도 2세
(1610~1670)

루이 13세
(1601~1643)
프랑스 부르봉 왕가

코시모 3세
(1642~1723)

마르게리타 루이사
(1645~1721)
프랑스 오를레앙
공작 가문

안나 마리아
루이사
(1667~1743)
독일 팔츠 선제후비

잔 가스토네
(1671~1737)
메디치 가문 출신의
마지막 토스카나 대공

메디치 가계도
메디치 가문은 14세기에서 18세기까지 피렌체를 중심으로 유럽 전체에 정치와 문화, 경제에서
막강한 영향을 발휘했다. 여러 교황을 배출했고, 여러 권력가와 혼인을 맺으며 권력을 확장했으며,
예술과 문화의 후원자로서 피렌체 르네상스를 이끌었다.

의 본성을 이해하려면 민중이 될 필요가 있기 때문입니다.

그러므로 전하께서는 제 마음을 담은 이 작은 선물을 받아주십시오. 이 책을 자세히 읽고 숙고하신다면 전하의 성공을 염원하는 저의 지극한 뜻을 곧바로 아시게 될 것입니다. 타고난 운명[4]과 수많은 자질로 미루어 전하께서는 위대한 경지에 오르실 수밖에 없습니다. 전하께서 계신 높은 곳 꼭대기에서 이 낮은 곳으로 이따금 눈을 돌리신다면, 운명이 휘두르는 거대하고 집요한 악의를 제가 얼마나 무던하게 감내하고 있는지 헤아리실 수 있을 것입니다.[5]

4　"운"의 원어 'fortuna'는 로마 신화에 나오는 운명의 여신 포르투나(그리스 신화에서는 티케)에서 나온 용어로, 인간의 생애를 지배하는, 조절할 수도 저항할 수도 없는 거대한 힘과 상황을 가리킨다. 문맥에 따라 행운과 불운을 포괄하는 의미의 '운' 또는 '운명'으로 옮겼다. '역량'을 갖추고 행사하는 사람에게 '운(명)'은 은혜나 도움의 의미(행운)도, 고난과 역경의 의미(불운)도 될 수 있다. 이런 맥락에서 역량의 발휘란 행운은 활용하고 불운은 극복한다는 뜻이 된다. 역량이 없는 군주는 권력을 잃었을 때 자신의 무능과 나태를 반성하고 권력을 되찾으려 노력하는 대신, 불운만 탓하다가 끝내 몰락하고 만다. 운(명)은 실패나 성공을 설명해주지 않는다.

5　마키아벨리는 1512년 메디치 가문이 권력을 되찾자 공직에서 쫓겨났으며 이듬해에는 반란 음모에 연루되었다는 혐의로 고문을 당하고 구금되었다. 석방 후에는 피렌체에서 추방되어 인근 페르쿠시나의 농장에서 은거하며 집필에 전념했다. 이 문구에는 1513년 《군주론》을 쓸 당시 스스로의 불운한 처지에 대한 호소가 담겨 있다.

1장   군주국의 종류는 얼마나 많으며, 어떻게 획득하는가

사람들에 대한 통치권[1]을 〔과거에〕 가졌거나 지금 가지고 있는 모든 국가[2], 모든 영토[3]는 예나 지금이나 공화국이거나 군주국[4]입

---

1 "통치권"의 원어 'imperio'는 라틴어 'imperium'에서 나온 말로, 지배자가 행사하는 명령권, 제권, 통치권, 군 통수권의 뜻으로 이해할 수 있다. 한 국가가 다른 국가(들)에게 행사하는 지배 권력을 의미할 때도 있다.

2 마키아벨리가 사용하는 "국가"의 원어 'stato'는 비인격적으로 존재하고 기능하는 근대 국가가 아니라 누구의 권력 체제라는 소유의 뜻이 들어 있다. 대개 피렌체, 로마, 밀라노처럼 어떤 지배자가 권력을 쥐고 통치하는 독립된 도시의 영토, 정치 공동체, 정부를 가리킨다. 때로는 국정을 펴는 기술을 의미하기도 한다. 주로 '국가'로 번역했지만, 때로 문맥에 따라 광범한 의미에서 '나라'로 옮겼다.

3 "영토"의 원어 'dominio'는 지배권이나 통치권을 뜻하지만, 본문의 문맥에서는 지배와 통치를 받는 구체적인 영토나 영지를 가리킨다. 라틴어로 주인의 '소유권 dominus'을 뜻하는 'dominium'에서 나와, "국가"와 마찬가지로 소유의 개념이 적용된다.

4 "군주국"의 원어 'principato'는 전제 군주가 다스리는 나라, 또는 군주의 지위와 권력을 뜻한다. "국가"가 넓은 범위의 권력 체제 전체를 가리키는 추상 개념이라면, "군주국"은 군주제로 통치되는 특정 체제를 가리키는 구체적 대상이다. 현대에 와서 모나코나 리히텐슈타인 같은 조그만 공국을 가리키는 용어로 굳어졌다.

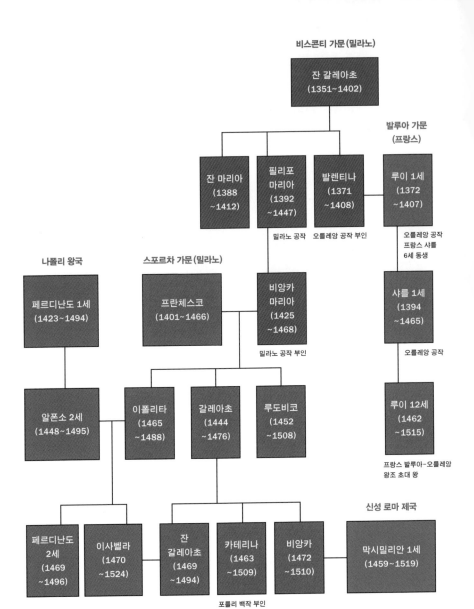

비스콘티 가문(밀라노)

잔 갈레아초
(1351~1402)

발루아 가문
(프랑스)

잔 마리아
(1388
~1412)

필리포
마리아
(1392
~1447)
밀라노 공작

발렌티나
(1371
~1408)
오를레앙 공작 부인

루이 1세
(1372
~1407)
오를레앙 공작
프랑스 샤를
6세 동생

나폴리 왕국

스포르차 가문(밀라노)

페르디난도 1세
(1423~1494)

프란체스코
(1401~1466)

비앙카
마리아
(1425
~1468)
밀라노 공작 부인

샤를 1세
(1394
~1465)
오를레앙 공작

알폰소 2세
(1448~1495)

이폴리타
(1465
~1488)

갈레아초
(1444
~1476)

루도비코
(1452
~1508)

루이 12세
(1462
~1515)
프랑스 발루아-오를레앙
왕조 초대 왕

신성 로마 제국

페르디난도
2세
(1469
~1496)

이사벨라
(1470
~1524)

잔
갈레아초
(1469
~1494)
포를리 백작 부인

카테리나
(1463
~1509)

비앙카
(1472
~1510)

막시밀리안 1세
(1459~1519)

14~16세기 유럽의 유력 가문 가계도
당시 이탈리아는 물론 유럽 국가들에서 가문과 파벌, 코무네와 왕국 등
여러 형태의 권력 주체들은 정략결혼을 통해 동맹을 맺었다.
그 양상은 정치와 경제의 이해관계에 따라 상당히 복잡하게 전개되었다.

니다. 군주국은 영주[5]의 혈통이 오랫동안 군주 자리를 이어온 세습 군주국일 수도 있고 새로운 군주국일 수도 있습니다. 새로운 군주 국은 프란체스코 스포르차[6]가 지배하는 밀라노처럼 완전히 새로운 나라이거나, 스페인 왕[7]이 지배하는 나폴리 왕국처럼 세습 국가의 군주가 획득해서 영토의 일부로 편입시킨 나라입니다. 그렇게 편 입된 나라 가운데는 한 명의 군주를 모시고 사는 삶에 익숙해진 곳 도 있고 자유로운 삶에 익숙한 곳도 있습니다.[8] 영토는 다른 누군

5 "영주"의 원어 'signore'는 세습뿐만 아니라 군사, 정치, 경제 수단을 통해 새로운 지배권을 확보한 인물에게 붙이는 호칭이다. '군주'가 여러 정치 체제의 지배 방식 이나 절대 지배자를 가리키는 데 비해 '영주'는 '군주' 또는 군주제에 충성을 바치 는 제한된 권력의 소유자를 가리킨다. 다시 말해 '군주'가 '국가' 전체를 지배하는 최고 통치권 및 통치자를 가리킨다면, '영주'는 특정 지역을 관리하는 귀족을 의미 한다. 영주는 자신의 영지에서 자치권을 지니며, 군주에게 충성과 세금을 바치면 서 군주를 주군으로 모신다.

6 프란체스코 스포르차(1401~1466)는 밀라노 공작인 필리포 마리아 비스콘티 (1392~1447) 아래서 20여 년 동안 용병대장을 지냈으며, 당대 최고라는 평가를 받았다. 1441년 공작 비스콘티의 딸 비앙카 마리아와 결혼했으며, 베네치아 공화 국과 벌인 전쟁에서 이긴 뒤 1450년 밀라노의 공작이 되어 권력을 장악했다.

7 아라곤 왕국의 왕 페르난도 2세(1452~1516)를 가리킨다. 이탈리아어로는 페르디 난도라고 부른다. 1468년 시칠리아 왕 페르디난도 2세가 되었으며, 1469년에는 카스티야-레온 왕국의 이사벨 여왕(1451~1504)과 결혼하면서 통일 스페인 왕국 의 기반을 이루었다. 이에 교황 알렉산데르 6세(1431~1503)는 그에게 '가톨릭 왕' 이라는 별칭을 내렸다. 1500년 11월에는 당시 나폴리 왕이었던 아라곤의 페데리 코 1세(1452~1504)를 몰아내고 프랑스 왕 루이 12세(1462~1515)와 '그라나다 조 약'을 맺어 나폴리 왕국을 분할 지배했다. 그러나 두 나라는 곧이어 전쟁을 벌였고 페르난도 2세가 승리함으로써 1504년부터 페르디난도 3세가 되어 나폴리를 지배 했다.

8 각각 군주제 국가 체제와 공화제 국가 체제를 가리킨다. 마키아벨리는 "자유 libertà"라는 용어를 공공의 차원에서 적용하여 두 가지로 사용했다. 하나는 군주정

가의 무력이나 자신의 무력, 또는 운명이나 역량[9]으로 획득합니다.

체제와 대비되는 공화정 체제이고 다른 하나는 군주정이든 공화정이든 다른 국가의 지배를 받지 않는 상태다. 전자의 경우, 군주 아래 사는 것은 때로 자유로운 삶과 어긋난다(9장;《로마사 논고》2권 2장 참조). 후자의 경우, 구성원의 의지에 반하는 지배는 자유로운 삶과 어긋난다(10장 및 12장). 마키아벨리는 두 경우를 합친 '독립 공화국'을 자유의 표상으로 제시하기도 한다(5장). 독립 공화국은 외세의 지배를 받지 않으면서 구성원의 적극적인 정치 참여를 통해 자치적인 정부를 운영하는 체제라 말할 수 있다. 한편, 자유를 개인의 차원에 적용하면 자율이라는 개념으로 더 잘 이해할 수 있다. 자율은 개인이 주변 상황을 주체적이고 독립적으로 판단하고 대처하는 힘과 자세를 의미한다. 이때 자율은 정치적 역량과 연결된다.

9 "역량"의 원어 'virtù'는 라틴어 'virtus'에서 나왔다('vir'는 남성을 뜻한다). 마키아벨리는 이 용어를 다양한 의미로 사용했다. 일차적으로 악덕에 반대되는 미덕이라는 윤리성을 의미하지만, 마키아벨리의 용법에서는 힘이나 용기, 능력, 수완, 원기, 결단력, 씩씩함처럼 남성적이고 군사적이며 정치적인 함의가 강하다. 이런 의미에서 역량의 반대말은 나태, 비겁, 비열, 연약이 된다. 역량이 결여된 군주는 경멸의 대상이 된다. 배신과 잔혹 행위를 저지른 아가토클레스와 올리베로토처럼, 역량은 때로 무자비하고 잔인한 결단과 행동을 가리키면서 미덕의 윤리적 의미와 완전히 반대되는 뜻으로 보이기도 한다. 그러나 마키아벨리는 그들의 악행과 비인간성 자체를 역량이라 부를 수는 없다고 단언한다(8장). 이처럼 마키아벨리의 역량 개념이 남성적, 군사적, 정치적 함의를 지닌다고 해서 개인의 윤리성을 완전히 배제하는 것은 아니다(8장 주 6 및 '옮긴이 해제' 참조).

포르투나와 비르투(카롤루스 보빌루스, 《지혜에 대하여》(1510) 속 삽화)
왼쪽에서 눈을 가린 채 운명의 물레를 돌리는 사람이 포르투나(운, 운명)이고,
오른쪽에서 성찰의 거울을 들고 있는 사람이 비르투(역량)다. 운명의 물레는 저대로 돌아가고,
비르투는 이에 성찰과 행동으로 대처할 뿐이다.

2장 　세습 군주국에 대하여

공화국에 대한 논의는 생략하고자 합니다. 다른 기회[1]에 길게 논의
했기 때문입니다. 오직 군주국에만 집중하려 합니다. 앞서 말씀드
린 날실을 짜나가면서 군주국을 어떻게 통치하고 유지할 수 있는
지 검토하고자 합니다.

　군주의 혈통에 익숙한 세습 국가는 새로운 국가보다 훨씬 더 쉽
게 유지될 수 있습니다. 선조들이 이룬 질서를 바꾸지 않고 우발적
인 일에 적절히 대처만 해도 충분하기 때문입니다. 그러므로 군주
가 평범한 능력만 지니고 있다면, 국가는 예상하지 못한 아주 강력
한 힘이 나타나 빼앗지 않는 한 유지됩니다. 설령 국가를 상실한다
고 해도, 〔국가를 빼앗은〕 정복자가 곤경에 처하면 언제든지 바로
되찾을 수 있습니다.

1　공화국을 건설하는 최선의 방법에 대한 논의를 뜻한다. 이 글은 전해지지 않으며,
　주요 내용은《로마사 논고》1권에 들어 있다고 알려져 있다.

이탈리아의 페라라 공작²을 예로 들어보겠습니다. 공작은 1484년 베네치아의 공격과 1510년 교황 율리우스³의 공격을 물리쳤는데, 오랫동안 통치했다는 사실 외에 전쟁에서 이길 다른 이유가 없었습니다. 세습 군주는 새로운 군주에 비해 사람들을 괴롭힐 이유와 필요가 거의 없기 때문에 더 많은 사랑을 받습니다. 과도한 악행으로 사람들의 원성을 사지 않는 한, 자연스럽게 호감을 얻습니다. 그리고 이렇게 지배가 오랫동안 지속되다 보면 개혁했던 기억과 이유는 사라져버립니다. 어떤 변화든 언제나 또 다른 변화를 구축하는 발판을 남기기 때문입니다.⁴

2   이탈리아 중북부에 있는 도시 페라라를 다스렸던 에스테 가문의 에르콜레 1세 (1431~1505)와 그의 아들 알폰소 1세(1476~1534) 영주를 함께 가리킨다. 단수형을 사용하여 둘이 페라라의 번영을 도맡았다는 점을 강조하고 있다. 에르콜레 1세는 소금 생산과 거래를 비롯한 여러 문제로 1482년부터 1484년까지 베네치아와 전쟁을 치렀다. 전쟁 이후 체결된 바놀로 조약으로 페라라는 일부 지역을 베네치아에 넘겼을 뿐 전쟁 초기에 잃었던 영토를 대부분 되찾았다. 에르콜레 1세 치하의 페라라 궁정은 르네상스 문학과 예술의 중심지였다. 알폰소 1세는 1510년 교황 율리우스 2세가 페라라를 공격하자 프랑스와 연합하여 물리쳤다.
3   교황 율리우스 2세(1443~1513)를 가리킨다. 본명은 줄리아노 델라 로베레이며, 교황 식스투스 4세(1414~1484)의 조카였다. '전사 교황' 또는 '무서운 교황'으로 불릴 정도로 과감한 정책과 행동으로 교황청의 세속 권력을 강화했다(7장 참조). 상당한 예술적 안목을 갖춰 미켈란젤로와 라파엘로 등 당대 최고의 예술가들에게 그림과 건축, 조각을 맡겨 르네상스 미술이 정점에 오르는 데 기여했다.
4   마키아벨리는 건축을 이용해 비유하는 것을 좋아했다. "발판"의 원어 "돌출부addentellato"는 건물을 증축할 수 있도록 벽면에 이빨처럼 돌출시킨 부분을 가리킨다. "구축"도 건축 용어다. 정치와 제도의 변화는 늘 새로운 변화를 이어서 일으키는데, 오랜 지배로 개혁의 기억과 이유가 사라진 상태에서는 그런 변화의 계기나 필요가 없어진다는 뜻이다. 이어지는 장들에서 변화에 노출된 새로운 군주국의 형태들에 대해 논의한다.

라파엘로의 작업을 지켜보는 율리우스 2세 (호레이스 베르네, 1832)
르네상스의 절정을 이룬 화가 라파엘로 산치오는 교황 율리우스 2세의 요청으로
교황청에 명화를 남겼다. 당대 예술의 거장들을 적극 후원했던 율리우스 2세는
전쟁과 외교를 통해 자신의 권력을 강화하고 교황청의 영향력을 확장하려 했다.

3장

혼합 군주국에 대하여

그러나 새로운 군주국에는 어려운 문제가 많습니다. 우선, 완전히 새롭게 생긴 군주국이 아니라 이미 존재하는 다른 군주국에 수족처럼 병합된 경우(이를 가리켜 혼합 군주국이라 부를 수 있겠습니다)에는 새로운 군주국이라면 당연히 겪을 수밖에 없는 어려움 때문에 동요[1]가 일어납니다. 사람들은 지금보다 처지가 나아질 거라는 생각이 들면 기꺼이 군주를 바꾸려 하고 무기를 들어 대항합니다. 그러나 그런 생각은 착각입니다. 자신들이 오히려 상황을 악화시켰다는 사실을 나중에야 경험으로 알게 됩니다. 악화된 상황은 또 다른 방향에서 자연스럽게, 평범하게, 필연적으로 일어납니다. 즉, 새로 등장한 군주는 누구든 처음에는 휘하의 군대를 동원해서, 그 다음에는 국가를 정복할 때 으레 따르는 갖가지 가혹 행위를 통해서 새로운 신민들을 극도로 괴롭힐 수밖에 없습니다.

　　결과는 이겁니다. 군주국을 점령하느라 당신이 피해를 입힌 모

1　　불안정한 상황 때문에 변화 가능성이 높아지는 상태를 뜻한다.

든 사람은 당신의 적이 됩니다. 또한 당신에게 협력한 사람들에게
도 처음 그들이 기대한 만큼 대가를 줄 수 없기 때문에 우애를 유
지할 수 없습니다.[2] 그렇다고 감사를 표해야 할 사람들에게 강력한
약을 쓸 수도 없습니다.[3] 거느린 군대가 아무리 막강하다 하더라
도 어떤 지역에 들어가려면 지역 주민들의 지지가 필요하기 때문
입니다. 이러한 이유로 프랑스의 루이 12세[4]는 밀라노를 단숨에 점
령했다가 단숨에 잃었습니다. 처음에 루도비코[5]가 밀라노를 되찾

2 "당신"의 원어 'tu'는 이탈리아어에서 친근한 사이에서 사용하는 단수 2인칭 주격
  대명사다. 이 책을 헌정한 로렌초 디 피에로 데 메디치 또는 군주 지위에 있는 사람
  들을 가리킬 수 있으나, 이 책을 읽는 독자의 공감과 생각을 불러일으키는 기능이
  더 돋보인다.

3 여기서 말하는 "약"은 처방이나 대책을 뜻하며, "강력한 약"은 폭력을 동반하는 해
  결책을 가리킨다.

4 루이 12세는 오를레앙 공작이었고 1498년 프랑스 왕이 되었다. 왕이 되기 전인
  1494년에 샤를 8세(1470~1498)가 이탈리아를 침공했을 때 참전하여 제노바를 점
  령하는 등, 일찍부터 이탈리아 공략에 관심이 많았다. 왕위에 오른 다음에는 복잡
  한 혈연관계를 이용하여 스스로 밀라노 공국의 후계자라 주장하면서, 당시 프랑스
  에 망명해 있던 밀라노 출신의 잔 자코모 트리불치오(1440?~1518)가 용병대장으
  로 지휘하는 군대를 파견해 1499년 9월 밀라노를 점령했다. 1500년 2월에 밀라노
  를 빼앗겼으나 두 달 만에 되찾았다.

5 '일 모로Il moro', 즉 '무어인'이라는 별명으로 알려진 루도비코 마리아 스포르차
  (1452~1508)는 프란체스코 스포르차(1장 주 6)의 차남으로 1494년부터 1499년
  까지 밀라노를 통치했다. 그는 예술에 뛰어난 안목을 지닌 계몽 군주였다. 1482년
  부터 1499년까지 레오나르도 다빈치가 밀라노에서 일할 수 있도록 후원하기도 했
  다. 그러나 영악하고 파렴치한 통치자라는 평가도 받는다. 마키아벨리는 샤를 8세
  가 이탈리아를 침공하여 야기된 재난에 그의 책임이 상당하다고 비판했다. 루이
  12세가 밀라노 공작 계승권을 주장하며 1499년 9월 롬바르디아로 진격했을 때,
  루도비코 스포르차는 권력을 잃었다. 1500년 2월에 밀라노 시민들의 저항 덕분에
  권력을 되찾았으나 바로 두 달 후인 4월에 자신이 고용한 스위스 용병들의 배신으

을 때는 자기 힘만으로도 (루이 12세를) 물리칠 수 있었습니다. (루이 12세에게) 성문을 열어주었던 민중이 속았다는 사실을 깨닫고 이어서 기대했던 혜택도 누리지 못하자 새로운 군주(루이 12세)가 휘두르는 잡도리를 참아내지 못했기 때문입니다.

봉기가 일어난 지역을 다시 획득하게 되면 좀처럼 잃지 않는다는 것은 분명한 사실입니다. 봉기를 경험한 군주는 스스로의 힘을 강화하기 위해 더욱 무자비하게 범죄자[6]를 처벌하고 혐의자를 색출하며 취약한 부분에 대비하기 때문입니다. 그래서 루도비코 공작 같은 사람[7]이 밀라노에서 프랑스를 몰아내려 할 때 처음에는 변방 근처만 교란해도 충분했지만, 나중에는 프랑스 군대를 이탈리아에서 쫓아내기 위해서 온 세상이 대항해야 했습니다.[8] 앞서 말씀드린 이유 때문에 이런 일이 일어났습니다.

어쨌든 프랑스는 밀라노를 두 번이나 잃었습니다. 첫 번째로 밀라노를 잃은 전반적인 이유는 앞서 논의했습니다. 이제 두 번째로 잃은 이유를 논의할 텐데, 프랑스 왕이 어떤 대책을 갖고 있었는지,

로 포로가 되었다. 이후 프랑스의 로슈성에 수감되어 여생을 보냈다.
6 문맥상 앞서 언급한 "지역 주민", "민중" 등 밀라노의 저항 세력을 가리킨다.
7 "~같은 사람"이란 표현을 사용하면서 마키아벨리는 루도비코 스포르차 공작에 대한 경멸감을 드러내고 있다.
8 루이 12세는 1499년 9월부터 1512년 4월까지, 중간의 2개월(1500년 2~4월)을 제외하고 내내 밀라노를 점령하고 있었다. 루이 12세를 몰아내기 위해 1511년 베네치아와 나폴리가 나서서 교황 율리우스 2세를 중심으로 신성 동맹 연합군을 결성했는데, 여기에는 스페인의 페르난도 2세와 영국의 헨리 8세, 신성 로마 제국의 막시밀리안 1세도 참가했다. 연합군은 1512년 4월 11일에 벌어진 라벤나 전투에서 승리를 거두고 나서야 루이 12세를 쫓아낼 수 있었다.

루이 12세 초상화
(장 페레알, 1514년경)

1507년 제노바를 행진하는 루이 12세
(장 부르디숑, 1508년경)

루이 12세는 중앙집권 통치에 성공하여 프랑스의 정치적 안정을 이뤘고, 영토 확장 과정에서
이탈리아 북부의 밀라노와 제노바를 점령했다. 당시 상업과 무역의 중심지였던 제노바는
이탈리아 내에서 프랑스의 영향력을 확대하는 주요 거점이었다.

비슷한 처지에 놓인 군주가 새로 획득한 영토의 통치권을 더 잘 유지하려면 프랑스 왕과 달리 어떻게 할 수 있는지 살펴보는 일이 남았습니다.

이를테면 획득한 영토를 (그동안 다스려온) 옛 영토에 병합하는 국가는 동일한 언어를 사용하는 동일한 지역에 있을 수도 있고 그렇지 않을 수도 있습니다. 동일한 언어에 동일한 지역이라면 획득한 영토를 유지하기는 무척 쉽고, 사람들이 자유로운 삶[9]에 익숙하지 않은 곳이라면 특히 더 쉽습니다. 그들을 통치하던 군주의 가문을 없애버리기만 해도 지역을 확실히 지배할 수 있습니다. 사람들은 이전 상태를 유지하고 관습의 차이가 없는 한, 그 밖의 다른 일들에서는 평온한 삶을 지속하기 때문입니다. 프랑스에 오랫동안 병합되어 있던 부르고뉴, 브르타뉴, 가스코뉴, 노르망디가 그랬다는 사실은 널리 알려져 있습니다.[10] (이 지역들은) 언어가 약간 다르긴 해도 관습이 비슷하기에 서로를 쉽게 용인할 수 있었습니다. 그래서 그런 지역을 획득, 유지하고자 하는 사람은 두 가지를 명심해야 합니다. 하나는 이전 군주의 가문을 제거하는 일이고, 다른 하나는 기존의 법이나 조세 제도를 바꾸지 않는 일입니다. 그렇게 하면 새로운 영토는 짧은 시간 안에 이전의 군주국과 온전한 한 몸을 이룰 수 있습니다.

9　공화정 체제하의 삶을 뜻한다(1장 주 8 참조).

10　부르고뉴는 1477년 루이 11세(1423~1483)가, 브르타뉴는 1491년 샤를 8세가, 가스코뉴는 1453년 샤를 7세(1403~1461)가, 노르망디는 1204년 필리프 2세(1165~1223)가 프랑스에 병합했다.

그러나 언어, 관습, 제도가 다른 지역에서 국가를 세울 때는 곤란한 일이 한둘이 아니고, 국가 유지를 위해서는 대단한 운과 부단한 노력이 필요합니다. 성공할 가능성이 가장 높은 실질적 대책 하나는 군주가 직접 그곳에 가서 거주하는 것입니다. 그렇게 하면 속지屬地를 더 오랫동안 견고하게 유지할 수 있습니다. 튀르크가 그리스를 그렇게 통치했습니다.[11] 만일 튀르크가 아무리 많은 제도를 적극 채택했다 하더라도, [튀르크의 군주가] 그곳에 거주하지 않았다면 지켜내기 힘들었을 것입니다.

[군주가] 직접 거주하면 혼란이 일어나도 곧바로 대처할 수 있지만, 그렇지 않으면 혼란이 이미 커질 대로 커졌을 때나 알게 되어 대처가 어렵습니다. 또한 [군주가 거주한다면] 관리들이 지역을 함부로 약탈하지 못하고, 신민들은 군주에게 직접 호소할 수 있어 만족스러워합니다. 그러므로 군주에게 좋은 신민이 되고자 하는 사람들은 군주를 더욱 사랑하게 되고, 군주에게 맞서려는 사람들은 군주를 더욱 두려워하게 됩니다. 그런 국가는 외부 세력도 공격을 망설입니다. 요컨대 군주가 직접 거주하면 영토를 잃을 위험이 거의 없습니다.

다른 대책은 국가의 거점이 될 만한 한두 곳에 식민지를 건설하는 것입니다. 그렇게 하지 않으면 대규모 병력을 주둔시켜야 합니

---

11 튀르크의 술탄 메흐메트 2세(1432~1481)는 1453년 비잔티움의 수도 콘스탄티노폴을 함락시킨 뒤 오스만 제국의 수도로 정하고 그곳에서 발칸반도를 통치했다. "그리스"는 발칸반도 전체를 뜻한다.

다. 식민지는 비용이 별로 들지 않습니다. 군주는 비용을 전혀 들이지 않거나 적은 비용으로 식민지를 건설하고 유지할 수 있습니다. 새로 정착하는 주민에게 농토와 집을 주는 과정에서 원래 소유자들이 피해를 볼 수 있지만, 그렇게 피해를 보는 사람은 극히 일부에 불과합니다. 게다가 피해를 당하는 사람들은 여기저기 흩어져 있고 가난하기 때문에 군주에게 절대 해를 끼칠 수 없습니다. 그 외 사람들은 피해를 당하지 않았으니까 조용히 있거나 자기들도 재산을 빼앗기지 않을까 두려워하며 실수하지 않으려 합니다.

결론을 말씀드리면, 식민지는 비용이 들지 않으면서도 비교적 믿을 만하며 폐해가 덜합니다. 방금 말씀드린 대로, 피해를 당한 사람들은 가난하고 따로따로 흩어져 있어 해를 끼칠 수 없습니다. 이 맥락에서 덧붙이자면, 사람들은 달래거나 억눌러야 한다는 점을 유념해야 합니다. 가벼운 피해를 입으면 복수를 하지만, 피해가 크면 그러지 못합니다. 따라서 사람들에게 피해를 줄 바에는 복수를 두려워하지 않아도 될 정도로 [강력하게] 해야 합니다.[12]

그런데 식민지를 건설하는 대신에 군대를 주둔시키면 비용이 훨씬 더 많이 듭니다. 국가의 모든 수입을 수비에 써야 하기 때문입니다. 그 결과, 영토를 획득한 일이 손실로 돌아옵니다. 게다가 군대가 숙영을 위해 이동하다 보면 국가 전체에 피해를 줄 수밖에 없어서 군주는 훨씬 더 큰 손해를 입습니다. 이에 불편을 느끼는 사람은

---

12 마키아벨리가 쓴 다음 구절을 참조하자. "죽은 자가 복수에 관여할 수는 없다."(《로마사 논고》 4권 6장)

모두 적으로 변합니다. 또한 〔군주에게〕 패배를 당한 이들은 〔자신의〕 고향에 그대로 남아 있기 때문에 위험한 적이 될 수 있습니다. 그러므로 어떻게 보더라도 군대는 무익한 반면 식민지 대책은 유용합니다.

앞서 말씀드렸듯이 낯선[13] 지역을 점령한 군주는 스스로 가까이 있는 약한 자들[14]의 맹주이자 보호자가 되어야 하고 역내 강한 세력들의 힘을 약화시키려 노력해야 하며, 혹시라도 자기만큼 강한 외부 세력이 들어오지 못하도록 경계를 늦추지 말아야 합니다. 야심이 지나치거나 두려움[15]이 많아 불만이 가득한 사람들은 언제나 외부 세력을 끌어들이기 마련입니다. 일찍이 로마인들을 그리스에 끌어들였던 아이톨리아인들처럼 말입니다.[16] 사실 로마에 침략당한 모든 지역의 주민들은 로마인들을 받아들였습니다.

강력한 외부 침략자가 한 지역을 공격하면 모든 약한 자들은 대부분 그 외부 세력에게 모여드는데, 대개 자기를 지배하던 통치자에게 불만을 품고 있기 때문입니다. 이렇게 약한 자들은 기꺼이 새로운 권력과 함께하려는 성향이 있어서 침략자는 별로 힘들이지 않고 약한 자들을 자기편으로 만들 수 있습니다. 단지 그들〔약한

---

13 언어, 풍습, 제도, 종교 등의 측면에서.

14 "약한 자들minori potenti"은 상대적으로 정치와 군사 역량이 부족한 군소 세력을 가리킨다. 약함은 역량과 반대되는 개념이다(1장 주 9 참조).

15 지배자에 대한 두려움을 뜻한다.

16 기원전 217년 로마는 마케도니아의 필리포스 5세(재위 기원전 222~179)에 대항하기 위해 그리스 중부에 위치한 아이톨리아와 동맹을 맺었다(《리비우스 로마사 3》(이종인 옮김, 현대지성, 2020) 26권 24장 참조).

자들)의 힘과 권위가 도를 넘지 않게만 조심하면 됩니다. 그렇게 한다면 (외부 세력은) 자신의 무력과 그들(약한 자들)의 호의로 지역의 강한 세력을 손쉽게 억누르고 지역을 완전히 마음대로 휘어잡을 수 있습니다. 이런 식으로 통치하지 못하는 군주는 손에 넣은 것을 곧바로 상실하고 획득한 땅을 유지하는 동안에도 수많은 어려움과 분규를 겪게 됩니다.

로마인들은 점령한 지방에서 이러한 원칙을 잘 지켰습니다. 식민지를 세우고, 약한 자들의 힘이 커지지 않게 하면서도 그들과 좋은 관계를 유지하고, 강한 세력은 억눌렀으며, 강력한 외세가 세력을 형성하지 못하게 조치했습니다. 그리스 지방만 예를 들어도 충분하다고 생각합니다.[17] 로마인들은 아카이아인과 아이톨리아인은 환대했지만 마케도니아 왕국은 억압했고 안티오코스는 쫓아냈습니다.[18] 그러나 아카이아인과 아이톨리아인의 역할을 인정하면서도 세력 확장은 절대 허용하지 않았습니다. 필리포스의 설득에도 친구로 삼지 않고 견제했으며, 안티오코스 세력이 그리스 지방

---

17 로마가 기원전 200년에서 기원전 190년 사이에 그리스에서 벌인 여러 전쟁과 동맹 관계를 말한다. 로마는 먼저 아이톨리아인과 동맹을 맺고 기원전 197년 키노스케팔라이 전투에서 마케도니아 왕국의 필리포스 5세에게 승리를 거두었다. 그런 다음 로마는 아카이아 동맹 및 필리포스 5세와 연합하여 아이톨리아인의 지원을 받은 안티오코스 3세와 전쟁을 벌였고 기원전 190년 승리했다. 로마는 승전을 거둔 뒤에는 다시 필리포스 5세를 제치고 정복한 지역 전체를 차지했다.

18 셀레우코스 제국의 안티오코스 3세(기원전 241?~187)는 동방 원정 후에 대왕이라는 칭호를 받을 만큼 야망이 컸다. 그는 기원전 192년 로마에 대항하여 그리스에서 전쟁을 벌였으나 기원전 190년 마그네시아에서 패주했다.

에 국가를 세우려는 시도를 용납하지 않았습니다.[19]

이 모든 상황에서 로마인들은 현명한 군주라면 마땅히 강구해야 하는 대책을 취했습니다. 그들은 현재 일어나는 사태뿐만 아니라 미래의 일에도 주의를 기울였고 최선의 준비 태세를 갖췄습니다. 멀리서 미리 내다보면 문제를 쉽게 예방할 수 있지만, 가까이 오도록 방치하면 약을 제때 쓰지 못하여 병이 깊어지고 맙니다. 의사가 폐병을 두고 하는 말이 바로 그렇습니다. 치료는 쉬우나 진단이 어려운 초기에 병을 발견하여 적절히 치료하지 않으면 시간이 지날수록 진단은 쉽지만 치료가 어려워집니다. 국가 통치도 마찬가지입니다. 숨어 있는 문제를 미리 인지하면 쉽게 고칠 수 있습니다. 그러나 미리 인지하려면 신중[20]해야 합니다. 그리고 미리 인지하지 못해서 모든 사람이 알아차릴 만큼 문제가 커지면 이미 대책은 사라지고 없습니다.[21]

---

19 아카이아인과 아이톨리아인은 그리스에서 약한 세력이었고 필리포스 5세와 안티오코스 3세는 강한 세력을 형성했다. 마키아벨리는 이들을 약한 세력과는 좋은 관계를 유지하고 강한 세력은 억누르는 예로 들고 있다. 로마는 필리포스 5세와 동맹을 맺으면서도 마케도니아에 대한 팽창 정책을 늦추지 않았다. 또한 안티오코스 3세의 세력이 그리스 지방에서 뿌리내리지 못하게 했다.

20 원어는 'prudenza'인데, 현명함이나 세심함의 뜻을 지닌다. 전체적으로 '신중'으로 통일하여 번역했다.

21 《피렌체사》(김경희·신철희 옮김, 박영사, 2024) 7권 5장에서 마키아벨리는 코시모 데 메디치(1389~1464)가 피렌체라는 어려운 도시의 패권을 31년 동안 유지한 이유로 신중함을 들었다. 코시모는 매우 신중해서 혼란과 말썽을 싹이 틀 때부터 인지했고, 따라서 그 싹을 도려내거나 싹이 자라나도 해가 되지 않도록 조치할 시간을 확보할 수 있었다.

로마인들은 불리한 일을 예견하고 항상 준비했습니다. 혼란의 싹이 자라나 전쟁이 될 때까지 방관하는 법이 없었습니다. 전쟁은 피할 수 없으며 미루면 오히려 적에게 유리한 상황만 만들어줄 뿐이라는 점을 잘 알고 있었기 때문입니다. 그래서 로마인들은 필리포스나 안티오코스와 벌이는 싸움을 본국 이탈리아로 가져가지 않고 그리스 안에서 처리하고 싶어 했습니다. 물론 그리스 밖에서 싸울 수도 있었지만 안에서 일을 해결했습니다. 우리 시대 현자들은 늘 시간의 혜택을 즐기라고 하지만 로마인들은 그런 격언을 별로 좋아하지 않았습니다. 오히려 능력 있고 신중했기 때문에 그렇게 거둔 혜택을 즐기고자 했습니다. 시간은 모든 것을 나아가게 하고[22] 선과 함께 악도, 악과 함께 선도 불러올 수 있기 때문입니다.[23]

지금까지 말씀드린 내용을 프랑스의 사례로 살펴보겠습니다. 샤를 왕이 아니라 루이 왕의 경우를 말씀드리겠습니다.[24] 루이 왕은 이탈리아에서 더 오랫동안 영지를 지켜서 행적이 더 잘 알려져 있습니다. 〔제 말씀을 들으시면〕 다른 영토[25]에서 국가를 유지하려면

22 마치 강물처럼 모든 것을 뒤에서 앞으로 밀어낸다는 뜻이다.
23 시간의 혜택을 즐기라는 격언은 기회가 오기를 기다리고 상황에 따라 행동하라는 뜻인데, 로마인들은 그런 수동적이고 불확실한 태도보다 역량을 신중하게 발휘하여 적극적으로 기회를 만들고 상황을 조절하여 성공을 거두고자 했다는 말이다. 마키아벨리의 희곡《만드라골라》(이종인 옮김, 연암서가, 2017)에는 시간의 혜택 운운하는 칼리마코를 리구리오가 비난하는 장면이 나온다.
24 샤를 8세(재위 1483~1498)는 1494년 나폴리 왕국을 공격했으나 현지의 호응을 얻지 못하여 이듬해 아무런 소득 없이 퇴각했다. 반면 그의 뒤를 이은 루이 12세(재위 1498~1515)는 1499년부터 1512년까지 이탈리아의 많은 땅을 지배했다.
25 앞서 나왔듯이 언어, 풍습, 제도, 종교 등의 측면에서 이질적인 지방을 가리킨다.

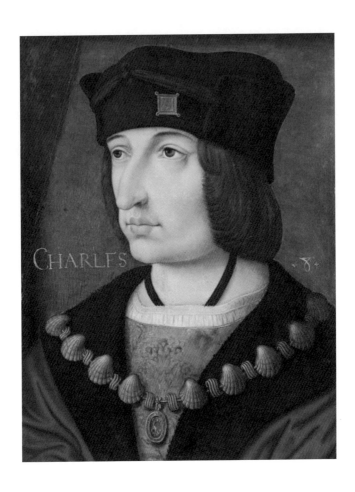

샤를 8세 초상화(장 페레알, 16세기)

샤를 8세의 통치는 프랑스사에서 중요한 전환점을 이뤘다. 외부로는 이탈리아 전쟁을 시작했고,
내부로는 권력 다툼과 혼란에 처했다. 스페인과 동맹하기 위해 이사벨 1세와 결혼을 시도했으나
실현하지 못했고, 후계자인 루이 12세가 결혼 동맹으로 스페인과 관계를 강화했다.
1498년 4월 7일, 머리를 다쳐 그 후유증으로 27세의 젊은 나이에 사망했다.

반드시 해야 할 일이 있는데 루이 왕이 반대로 행동한 사실을 아시게 될 것입니다. 루이 왕은 베네치아인들의 야심에 이끌려 이탈리아에 들어왔는데, 베네치아인들은 이를 기회로 롬바르디아 지방의 절반을 얻고자 했습니다.[26] 저는 루이 왕이 (이탈리아에) 취한 정책을 비난하고 싶지 않습니다. 왕은 이탈리아에 한쪽 발을 넣고 싶어 했지만 체결한 동맹이 하나도 없었고, 게다가 샤를 왕의 처신 때문에 모든 문이 닫혀 있는 상황이라 어쩔 수 없이 (베네치아와의) 우호 관계를 받아들여야만 했습니다.[27] 만일 루이 왕이 다른 방면에서 실수를 저지르지 않았다면 이런 그의 행동은 괜찮은 성공을 거두었을 것입니다.

루이 왕은 롬바르디아를 점령하면서 샤를 왕 때문에 잃어버렸던 명성을 되찾았습니다. 제노바가 무릎을 꿇었고 피렌체는 친구가 되었습니다.[28] 만토바 후작, 페라라 공작, 벤티볼리오, 포를리의

---

26 "베네치아인들의 야심"이란 다음 정황을 뜻한다. 베네치아는 이미 롬바르디아 지방의 두 도시, 브레시아와 베르가모를 지배하고 있었는데, 1495년 루이 12세와 협약을 체결하고 승리하면 롬바르디아 지방 대부분을 차지하고 있던 밀라노 공국을 분할하기로 약속했다.

27 "샤를 왕의 처신"이란 다음 정황을 뜻한다. 베네치아는 샤를 8세에 대항하여 밀라노, 만토바, 피렌체, 나폴리 왕국 등 이탈리아 대부분 및 스페인과 신성 로마 제국까지 망라하여 1495년 3월 베네치아 동맹을 결성했다. 이런 상황이 루이 12세에게 걸림돌이었고, 베네치아와 협약을 체결할 수밖에 없는 요인이었다.

28 루이 12세는 제노바 공화국에 행정관을 파견하여 직접 통치했다. 한편 그는 피렌체의 도움을 얻어 나폴리 왕국을 정복했으며, 그 대가로 피렌체가 피사와 벌인 전쟁에 원조를 했다. 피렌체는 루이 12세와 동맹 관계를 맺었지만 여러 문제에 직면했다(13장).

귀부인 그리고 파엔차, 페사로, 리미니, 카메리노, 피옴비노의 영주, 루카, 피사, 시에나 사람들이 모두 제 발로 찾아와 루이 왕과 친구가 되고 싶어 했습니다.[29] 그제야 베네치아인들은 자신들이 경솔했음을 깨달았습니다. 롬바르디아의 겨우 두어 군데 영지를 탐하다가 루이 왕을 이탈리아반도 3분의 2에 해당하는 땅의 주인으로 만들어준 것입니다.[30]

지금은 누구나 그렇게 생각하겠지만, 만일 루이 왕이 앞서 제시한 규칙을 잘 따르고 모든 동맹국의 안전을 보장했더라면 이탈리아에서 별 어려움 없이 명성을 확보했을 것입니다. 동맹국의 숫자는 많지만 취약한 데다가 일부는 교회를, 또 일부는 베네치아를 두려워하여 언제나 루이 왕에게 의지해야 하는 처지였기 때문입니

---

29 "만토바 후작"은 이탈리아 중북부에 위치한 만토바의 영주 프란체스코 곤차가 2세 (1466~1519)를, "페라라 공작"은 만토바 인근의 페라라를 오랫동안 지배했던 에스테 가문의 에르콜레 1세, "벤티볼리오"는 볼로냐의 영주 조반니 벤티볼리오 2세 (1443~1580), "포를리의 귀부인"은 볼로냐 남동쪽의 포를리와 이몰라의 영주 지롤라모 리아리오의 아내로 결단력과 행동력으로 유명했던 카테리나 스포르차 (1463~1509)를 가리킨다. 파엔차의 영주는 아스토레 만프레디 4세, 페사로의 영주는 조반니 스포르차(1466~1534), 리미니의 영주는 판돌포 말라테스타 4세 (1475~1534), 카메리노의 영주는 줄리오 체사레 다 바라노(1434~1502), 피옴비노의 영주는 야코포 아피아노 4세(1459~1510)를 가리킨다. 루카, 피사, 시에나는 피렌체 주변의 도시들이다.

30 3분의 1로 표기된 판본도 있다. 실제로 베네치아는 밀라노 공국의 동쪽 지역을 다소 소유했고, 루이 12세는 공국의 나머지 지역에 대한 통치권을 확보했으므로 3분의 2를 과장된 표현이라 볼 수도 있다. 그러나 여기서 마키아벨리는 실질적인 통치와 소유권보다는 넓은 범위의 영향력을 거론하고 있다. 더욱이 베네치아인들의 실수를 강조하는 내용인 데다가, 본문에서 열거하듯 나폴리까지 루이 12세의 수중에 들어갔기 때문에 3분의 2라는 표기가 더 정확하다 할 수 있다.

다. 그리고 루이 왕은 그들의 도움을 받아 그곳에 남아 있던 강한 세력들에게서 자신을 안전하게 지키기가 수월했을 것입니다.

그러나 루이 왕은 밀라노에 처음 들어가자마자 정반대로 했으니, 교황 알렉산데르가 로마냐 지방을 정복할 수 있도록 도와준 셈입니다. 그는 자기 품속에 뛰어들었던 세력들을 소외시켜 결과적으로 스스로 약해져버렸고, 교회에 막강한 권위를 부여하는 정신적 권력도 모자라 그만큼의 세속적 권력까지 덧붙여줌으로써 교황청을 한층 더 강력하게 만들었다는 사실을 깨닫지 못했습니다. 첫 번째 실수를 저지르고 나서도 실수를 거듭할 수밖에 없었고, 결국 교황 알렉산데르의 야망을 저지하여 그가 토스카나의 주인이 되지 못하게 하려고 이탈리아로 들어올 수밖에 없었습니다.[31]

루이 왕은 교황청을 강하게 만들고 동료들을 잃는 데서 그치지 않았습니다. 탐내던 나폴리 왕국을 스페인 왕과 나눴습니다. 그 결과, 이전에는 스스로가 이탈리아의 최고 지배자였지만, 또 다른 지배자를 끌어들여서 지역의 야심가들이나 자신에게 불만을 품은 자들이 의지할 대상을 만들어주고 말았습니다. 또한 자신에게 조공을 바칠 인물을 그 왕국에 왕으로 남겨둘 법도 한데, 결국 그를 제

---

31 교황 알렉산데르 6세는 당대 세도를 떨쳤던 보르자 가문 출신이었다. 본명은 로드리고 보르자이며, 체사레 보르자(1475~1507)의 아버지다. 1456년 추기경이 되었고, 1492년 8월 교황으로 선출되었다. 뛰어난 권모술수와 편법, 정치력을 발휘하여 강력한 교황권을 유지하는 한편, 아들 체사레 보르자를 통해 이탈리아 중부와 북부의 패권을 장악하려 했다. 루이 12세의 세력이 이탈리아에서 지나치게 확장되는 추세를 경계하여 밀라노, 베네치아, 신성 로마 제국과 동맹을 맺고 대항했다.

거하고 바로 그 자리에 자신을 쫓아낼 수도 있는 자를 끌어들였습니다.

영토를 정복하고자 하는 욕망은 사실 매우 자연스럽고 정상적입니다. 능력 있는 사람이 그렇게 하면 칭송을 받거나 적어도 비난은 받지 않습니다. 그러나 능력 없는 사람이 어떻게든 해보려고 하다 보면 실책이 따르고 비난을 면치 못합니다. 그러므로 만일 프랑스가 스스로의 힘만으로 나폴리 왕국을 공격할 수 있었다면, 당연히 그렇게 했어야 합니다. 만일 그럴 수 없었다면, 왕국을 나누지 말았어야 합니다. 그리고 베네치아와 롬바르디아를 나누기로 한 결정은 이탈리아에 발을 들여놓는 데 필요한 구실이었다고 변명한다 해도, 그 일[32]은 그렇게 불가피했다고 변명할 수 없기 때문에 비난받아 마땅합니다.

그러므로 루이 왕은 다음의 다섯 가지 오류를 저질렀습니다. 약한 자들을 억누른 것, 이탈리아에서 강자[33]의 힘을 키워준 것, 이탈리아에 매우 강력한 외세[34]를 끌어들인 것, 이탈리아에 와서 거주하며 통치하지 않은 것, 이탈리아에 식민지를 건설하지 않은 것입니다. 그렇다 하더라도 만일 여섯 번째 실수, 즉 베네치아인들의 나라를 강탈하는 실책을 범하지 않았더라면 살아 있는 동안 피해를 보지는 않았을 것입니다. 만일 교황청을 강하게 만들지 않았

---

32 프랑스가 스페인과 협상하여 나폴리 왕국을 나누기로 했지만 결국에는 완전히 빼앗긴 일을 뜻한다.

33 교황 알렉산데르 6세를 가리킨다.

34 '가톨릭 왕' 페르난도 2세를 가리킨다(1장 주 7 참조).

알렉산데르 6세 초상화(크리스토파노 델알티시모, 16세기 후반)

교황 알렉산데르 6세는 아들 체사레 보르자와 딸 루크레치아 보르자를 프랑스 및 이탈리아의
유력 가문들과 혼인시켜 가문의 정치적 입지를 다졌고 이탈리아의 권력 구조에
변화를 일으켰다. 부패와 스캔들로 악명이 높았고 세속 정치에 깊숙이 관여하여
종교적 비판의 대상이 되었지만, 여러 세력 간의 갈등을 조정하고 안정을 꾀했으며,
예술과 문화를 후원하여 르네상스의 융성을 도모했다는 업적도 있다.

거나 스페인 왕을 이탈리아에 끌어들이지 않았더라면, 베네치아를 억누르는 일은 합리적이고 필요한 일이었을지도 모릅니다. 그러나 일단 교황권을 강하게 만들고 스페인을 끌어들였으면, 베네치아를 몰락하게 내버려두지 말았어야 합니다. 베네치아는 강대해서 항상 다른 자들[35]의 롬바르디아 침입을 막을 수 있었을 것이고, 롬바르디아의 주인으로서 필요할 때만 다른 자들의 개입을 허용했을 것입니다. 그리고 다른 자들은 롬바르디아를 프랑스에서 빼앗아 베네치아에 넘기려 들지 않았을 것이고, 그렇다고 둘[36]을 상대로 싸울 용기도 없었을 것입니다.

만일 누군가가 루이 왕이 전쟁을 피하고자 로마냐 지방을 교황 알렉산데르에게, 나폴리 왕국을 스페인에 양보했다고 말한다면, 저는 앞서 언급한 주장에 근거하여 전쟁을 막는다는 이유로 어쩔 수 없이 혼란이 계속되는 상황을 방치해서는 안 된다고 말해주겠습니다. 전쟁이란 피할 수 있는 것이 아니라 다만 지연될 뿐이며, 결국 모두에게 불리하기 때문입니다. 또 다른 누군가가, 루이 왕이 교황과 맺은 약속, 즉 자신의 결혼 파기를 허용하고 루앙의 대주교를 추기경으로 임명한 대가로 로마냐 지방에서 교황과 협력하기로 한 약속 때문에 어쩔 수 없었다고 말한다면, 저는 뒤에서 군주의 신의에 대해 그리고 신의를 어디까지 지켜야 하는가에 관해 논의할 때[37]

35 교황 알렉산데르 6세와 스페인의 페르난도 2세를 가리킨다.
36 프랑스와 베네치아를 가리킨다.
37 18장 참조.

그 점에 답하도록 하겠습니다.[38]

　루이 왕은 영토를 획득하고 유지하려는 사람들이 지켜야 할 조건을 조금도 준수하지 않았기 때문에 롬바르디아를 잃었습니다. 이는 전혀 놀랄 만한 일이 아니며 오히려 특별할 것 하나 없이 당연했습니다. 저는 낭트에서 루앙과 이 문제를 논의한 적이 있습니다. 발렌티노가 로마냐를 점령했을 때였습니다. 발렌티노는 교황 알렉산데르 6세의 아들 체사레 보르자로, 사람들은 보통 그렇게 불렀습니다.[39] 루앙의 추기경이 이탈리아인들은 전쟁을 전혀 이해하지 못한다고 말하기에 저는 프랑스인은 국가를 이해하지 못한다고 말해 줬습니다. 그들이 국가를 잘 이해했더라면 교황청이 그렇게 강력

38　루이 12세는 샤를 8세의 누나 잔 드 발루아(1464~1505)와 정략결혼을 했다. 샤를 8세가 후사 없이 죽자 왕위를 물려받은 다음 안 드 브르타뉴(1477~1514)와 재혼을 추진했다. 교황 알렉산데르 6세는 루이 12세에게 잔 드 발루아와 한 결혼을 파기하도록 허용하고, 루이 12세의 재상 조르주 당부아즈(1460~1510)를 추기경에 임명했다. 이에 대한 대가로 루이 12세는 로마냐 지방에서 교황의 영향력이 커지도록 도와주었다. 로마냐 지방은 원래 교황령이었지만, 토호 가문들이 교황의 대리 통치를 하면서 실질적인 지배권을 행사하고 있었다. 이런 상태에서 교황 알렉산데르 6세는 아들 체사레 보르자를 통해 이곳을 다시 정복해 '로마냐 공국'을 선포하는 등 교황권 강화에 전력을 기울였다.

39　루이 12세는 체사레 보르자를 프랑스 왕족이자 나바라 왕 호아네스 3세의 여동생 샤를로트 달브레와 혼인하도록 주선하고 발랑티누아 공작에 봉했다. 이때부터 그는 이탈리아에서 이탈리아어 발음에 따라 발렌티노 공작이라는 별명으로 불렸다. 그는 프랑스 군대를 지원받아 밀라노를 침공하고, 아버지인 교황 알렉산데르 6세의 배경을 업고 로마냐 영토를 정복했으며, 토스카나 지역까지 세력을 확장하려 했다. 피렌체는 이런 움직임에 위협을 느끼면서 마키아벨리를 파견해 협상을 시도했다. 마키아벨리는 우르비노 공국을 점령하고 있던 체사레 보르자를 방문하여 직접 대화하고 관찰할 기회가 있었고, 그가 벌인 단호하고 과감한 정치와 군사 활동을 자신이 생각하는 군주의 모범적 사례로 간주했다(7장 참조).

해지도록 내버려두지 않았을 테니까요. 경험에 비춰봐도 알 수 있듯이 이탈리아에서 교황청과 스페인의 권력이 막강해진 것은 프랑스가 초래한 일이고, 프랑스의 몰락도 프랑스인들이 자초했음은 분명한 사실입니다.

여기서 절대로 또는 거의 틀리지 않는 일반 법칙 하나를 이끌어낼 수 있습니다. 다른 누군가가 강력해지도록 원인을 제공한 사람은 결국 몰락한다는 사실입니다. 강력한 세력은 도움을 주는 자의 술책이나 힘을 통해 자라나는데, 도움을 받아 강력해진 사람이 바로 그 술책과 힘에 의심의 눈초리를 보내기 때문입니다.

4장   알렉산드로스가 정복한 다리우스의 왕국은 왜 그가 죽은 뒤에 그의 후계자들에 맞서 반란을 일으키지 않았을까?

새로 획득한 국가를 유지할 때 겪는 어려운 문제들을 생각하면, 우리는 다음과 같은 사실에 놀라지 않을 수 없습니다. 알렉산드로스 대왕[1]은 불과 몇 년 만에 아시아의 주인이 되었지만 차지하자마자 곧 죽었습니다. 그러니 어느 국가에서든 즉시 반란이 일어나도 이상하지 않았지만 알렉산드로스의 후계자들은 별다른 어려움 없이 국가를 유지했습니다. 다만 야망 때문에 자기들끼리 어려움을 겪었을 뿐입니다.[2]

---

1   알렉산드로스 대왕(기원전 356~323)은 마케도니아의 필리포스 2세(기원전 382~336)의 아들로 태어나 페르시아 제국을 정벌하고 테베와 이집트 등 지중해 동부 지역의 지배권을 장악하며 중앙아시아와 인도까지 진출한 대영웅이었다. 아리스토텔레스에게 교육을 받았고, 기원전 336년에 아버지가 암살당하자 왕위를 계승했다. 그의 이름을 딴 알렉산드리아라는 도시가 지중해 권역에 70여 개나 건설되었으며, 이 도시들을 기반으로 오리엔트 문화와 융합된 헬레니즘 문화가 널리 정착되었다. 기원전 323년 33세의 나이로 갑작스럽게 사망했다.

2   알렉산드로스의 갑작스러운 사망 이후에 광활한 그의 제국은 일곱 명의 부하 장군이 통치할 예정이었으나 그들 사이에 내분이 일어나서 결국 마케도니아, 시리아, 이집트 등 11개의 새로운 왕국이 생겨났다.

반란이 일어나지 않은 이유를 설명하기 위해 저는 이렇게 대답하겠습니다. 우리가 아는 군주국은 두 가지 방식으로 통치되어왔다고 말입니다. 하나는 한 명의 군주와 가신들, 즉 군주의 은덕으로 선임되어 관리자가 된 뒤 국정을 보좌하는 자들이 통치하는 방식이고, 다른 하나는 한 명의 군주와 봉건영주들, 즉 군주의 은덕이 아니라 가문을 기반으로 오랫동안 지위를 세습해온 사람들이 통치하는 방식입니다. 봉건영주는 자신만의 영토와 신민을 소유하고 있으며, 신민은 봉건영주를 주인으로 인정하고 자연스럽게 충성을 바칩니다. 〔이에 비해〕 한 명의 군주와 가신들이 통치하는 국가에서는 군주가 전체 영토에서 최고 권위를 인정받기 때문에 보다 큰 권위를 지닙니다. 신민이 군주 외의 다른 사람들에게 복종하더라도 이는 그들이 관리자나 공직자로서 역할을 하기 때문이지, 신민이 그들에게 특별한 애정을 느끼는 것은 아닙니다.

우리 시대에는 이 두 방식의 통치 사례를 튀르크의 술탄과 프랑스 왕에게서 볼 수 있습니다. 튀르크 왕국 전체는 군주 한 명이 통치하고 나머지는 모두 군주의 가신들입니다. 군주는 산자크[3]로 구획한 왕국에 자기 마음대로 행정관들을 파견하고 바꾸고 이동시킵니다. 그러나 프랑스 왕은 수많은 세습 제후에 둘러싸여 있습니다. 제후들은 각자 거느린 신민들의 인정과 사랑을 받고 있고, 고유한 세습 특권을 지니고 있어서 아무리 왕이라도 위험을 감수하지 않고서는 그 특권을 빼앗을 수 없습니다. 이 두 국가를 고찰해본 사람

3 튀르크의 행정 단위를 가리킨다.

이라면 튀르크는 획득하기 어려우나 일단 점령한 뒤에는 지키기가 매우 쉽고, 반대로 프랑스는 점령하기는 쉽지만 유지하기는 대단히 어렵다는 사실을 알게 될 것입니다.

튀르크 왕국을 점령하기 어려운 이유는 왕국의 주요 제후들이 외부에 도움을 청할 가능성이 없다는 점과 지배자 주위의 가신들이 반란을 일으켜 외세의 침입을 용이하게 할 가능성이 없다는 점입니다. 그 이유는 앞에서 말씀드렸습니다. 그들은 모두 지배자에게 종속되고 속박되어 있어서 쉽사리 타락시키기 힘듭니다. 설사 성공하더라도 앞서 언급한 이유로 민중을 이끌 수 없기 때문에 별 이득을 바라기 어렵습니다.

따라서 튀르크를 공격하려는 사람은 단결된 세력과 맞닥뜨려야 한다는 점을 염두에 둬야 하며, 상대의 분열이 아니라 자신의 군대를 믿어야만 합니다. 그러나 일단 전장에서 승리하여 다시는 군대를 일으킬 수 없을 정도로 기세를 꺾어놓았다면, 이후에는 군주의 가문을 제외하고는 걱정할 일이 없습니다. 군주를 제외한 다른 사람들은 민중의 신임을 얻지 못하기 때문입니다. 정복자는 승리하기 전에 그들[4]의 협조를 전혀 기대할 수 없었듯이 승리한 후에도 그들을 두려워할 이유가 전혀 없습니다.

프랑스 방식으로 통치하는 왕국에서는 정반대의 현상이 나타납니다. 항상 현실에 불만을 품은 자들과 정권을 전복하여 혁신을 꾀하려는 사람들이 있기 때문에 왕국의 일부 제후들을 같은 편으로

---

4 군주 이외의 다른 사람들을 말한다.

만들면 쉽게 공략할 수 있습니다. 그들은 앞서 말씀드린 이유로 당신에게 나라로 향하는 길을 열어주고 승리를 거둘 수 있도록 협력할 것입니다. 그러나 나중에 당신이 획득한 그곳을 유지하려 할 때는 당신을 도운 무리와 당신이 억누른 사람들 때문에 많은 어려움을 겪을 것입니다. 새로운 변화의 주도 세력이 되고자 하는 영주들이 남아 있기 때문에 군주의 가문을 단절시키는 것만으로는 충분하지 않습니다. 그들을 만족시킬 수도, 파멸시킬 수도 없기에 언제든지 상황이 불리해지면 나라를 잃을 것입니다.

다리우스[5]의 통치 형태가 어떠했는지를 살펴보시면 튀르크 왕국과 유사하다는 점을 알 수 있습니다. 그렇기에 알렉산드로스는 우선 대규모 총공격으로 다리우스를 전장에서 몰아내야 했습니다. 승리를 거두고 난 뒤에 다리우스가 죽었기 때문에 알렉산드로스는 앞서 말씀드린 이유로 국가를 안전하게 유지했습니다. 만일 알렉산드로스의 후계자들이 단합만 했더라면 이후로도 순조롭게 권력을 누릴 수 있었을 것입니다. 그 왕국에서는 후계자들이 스스로 일으킨 소요 말고는 별다른 일이 없었기 때문입니다.

그러나 프랑스처럼 조직적으로 구성된 국가를 그처럼 순탄하게 통치하기란 불가능합니다. 그렇기에 스페인, 프랑스, 그리스에서는 로마에 맞선 반란이 수시로 발생했습니다. 군주령[6]이 많았기 때문

---

5 다리우스 3세(기원전 380?~330)는 페르시아의 왕이었다. 기원전 333년 마케도니아의 알렉산드로스 대왕이 페르시아를 침공했을 때 대패했다.

6 다양한 형태의 속주를 가리킨다.

알렉산드로스 대왕(폼페이 '목신의 집' 모자이크 일부, 국립고고학박물관)

다리우스 3세(폼페이 '목신의 집' 모자이크 일부, 국립고고학박물관)

알렉산드로스 대왕의 자신만만한 공격 앞에 선 다리우스 3세의 눈에 공포가 가득하다.

입니다. 군주령에 대한 기억이 남아 있는 한 로마인들은 그 지역을 확실하게 장악하지 못했습니다. 그러나 로마인의 지배가 오래 지속되어 기억이 사라지자 지역의 통치권은 확고해졌습니다. 심지어는 로마인들이 나중에 자기들끼리 싸우게 되었을 때도[7], 각자 획득한 권력에 따라 각자 장악한 지역을 지배할 수 있었습니다. 그 지역들은 과거 지배자들의 혈통이 단절되어 로마인들 외의 권력은 인정하지 않았던 것입니다.

이 모든 사실을 고려하면 알렉산드로스가 아시아 국가들에 대한 지배권을 손쉽게 유지한 반면, 피로스[8]를 비롯한 많은 지배자가 그들이 획득한 국가를 유지하는 데 어려움을 겪었다고 해서 놀라실 필요가 없습니다. 이는 정복자의 역량이 크냐 작으냐의 문제가 아니라 정복된 지역이 서로 크게 달라서입니다.

---

7   술라가 집정관이 된 기원전 88년부터 옥타비아누스가 승리를 거둔 기원전 30년까지 일어난 내전을 가리킨다.

8   피로스(기원전 318?~272)는 그리스 북서쪽에 위치한 에페이로스의 왕이었다. 매우 유능한 군인이었으나, 수많은 전쟁을 벌여 너무 많은 대가를 치렀다. 여기에서 희생을 바친 승리라는 의미의 '피로스의 승리'라는 말이 나왔다.

5장 정복되기 전에 자국의 법에 따라 살던
도시나 군주국은 어떻게 통치해야 하는가

앞서 말씀드린 대로 점령한 국가가 스스로 만든 법률에 따라 자유롭게 사는 데 익숙한 경우[1], 통치권을 유지하려면 세 가지가 필요합니다. 첫째, 그 국가를 파괴하는 것입니다. 둘째, 직접 그곳에 가서 사는 것입니다. 셋째, 그들의 법에 따라 살게 해주되 조공을 받고 당신과 앞으로도 우호 관계를 유지할 만한 소수의 사람이 국가를 통치하게 만드는 것[2]입니다. 이렇게 세 가지 방법으로 유지되는 국가는 군주의 선의와 권력 없이는 존속할 수 없으며, 이러한 사실을 알기에 군주의 권위를 위해 무엇이든 하고자 할 것입니다. 자유로운 삶에 익숙한 도시를 유지하려면 시민들을 통하는 편이 다른 어떤 방식보다도 나은데, 시민들은 어떤 식으로든 도시를 보존하려 하기 때문입니다.

---

1   공화정 국가 체제를 가리킨다(1장 주 8 참조).
2   소수의 인물 또는 가문이 그들의 이익을 앞세워 지배하는 과두 정치 체제를 의미한다.

예를 들어 스파르타인과 로마인이 있습니다. 스파르타인은 아테네와 테베에 소수의 사람을 내세워 국가를 만들었지만 결국에는 빼앗겨버렸습니다.[3] 로마인은 카푸아, 카르타고, 누만티아를 지키기 위해 도시를 파괴했고 그 결과 끝내 잃지 않을 수 있었습니다.[4] 〔처음에〕 로마인은 스파르타인이 한 것처럼 그리스에 자유를 허용하고 자체 법률을 만들어 따르게 하면서 국가를 유지하고자 했지만 성공하지 못했습니다.[5] 그래서 〔그리스〕 지역을 유지하기 위해 그 지역의 많은 도시를 파괴할 수밖에 없었습니다. 사실상 파괴 외에는 차지할 뾰족한 방법이 없기 때문입니다. 자유롭게 사는 데 익숙한 어느 도시의 주인이 되고 나서 그 도시를 파괴하지 않는 사람은 오히려 그 도시의 손에 자신이 파멸될 각오를 해야 합니다. 그런 도시는 반란을 일으킬 때 언제나 자유와 옛 제도를 명분으로 삼기 때문입니다. 시간이 많이 흐르고 어떤 혜택을 준다고 해도 자유와 옛 제도의 기억을 절대 잊는 법이 없습니다. 무엇을 하고 어떤 조치를 취하든지 주민들을 분열시키거나 흩어놓지 않으면, 그들은 자

---

3 30년에 걸친 펠로폰네소스 전쟁에서 승리한 스파르타는 기원전 404년 아테네에 30명의 참주를 내세워 과두 정부를 세웠지만, 시민 쿠데타로 실패하고 말았다. 스파르타는 기원전 382년 테베에도 과두 정부를 세웠지만 민중 봉기로 통치권을 내주고 말았다.

4 로마는 제2차 포에니 전쟁(기원전 218~202) 당시 이탈리아 남부의 카푸아를 정복하고 나서 자치권을 완전히 박탈했다. 또한 기원전 146년 아프리카 북부의 카르타고를 굴복시킨 뒤 철저히 파괴했다. 이어 기원전 133년 스페인 중부의 누만티아를 점령한 뒤 원로원의 결정에 따라 폐허로 만들었다.

5 기원전 196년 로마의 장군 티투스 퀸크티우스는 코린토스에서 그리스의 자유를 선언했지만, 여러 차례 전쟁을 치른 끝에 기원전 146년 코린토스를 파괴하고 말았다.

유라는 이름과 옛 제도를 잊지 않고 기회만 오면 반란을 일으킬 수 있습니다. 피사가 피렌체인의 지배에 들어가고 100년이 지나서도 그랬듯이 말입니다.[6]

그러나 한 군주 아래 사는 데 익숙해진 도시나 지역에서 군주의 혈통이 끊어지면 주민들은 한편으로는 복종의 습성이 남아 있고 다른 한편으로는 옛 군주가 없는 상태에서 자유로운 삶도 잘 알지 못할뿐더러 자기들 가운데 누군가를 군주로 세우는 데도 합의하기 어렵습니다. 그래서 무기를 드는 데 시간이 걸리기도 하니, 군주는 아주 쉽게 그들의 마음을 얻어 안위를 챙길 수 있습니다. 그러나 공화국에서는 더 큰 원동력, 더 격렬한 증오, 복수를 하려는 더 강렬한 집념이 불타오를뿐더러 예전에 누리던 자유를 잊지도 않으며 결코 잊을 수도 없습니다. 따라서 가장 안전한 방법은 그 국가를 파멸시키거나 아니면 그들과 함께 그곳에서 직접 거주하는 것입니다.

6 피렌체 서쪽에 위치한 피사는 피렌체에 예속되었다가 벗어나기를 반복했다. 마키아벨리는 1506년 12월부터 '9인 군사위원회'의 서기로 활동하면서 피렌체와 피사의 관계를 관찰하고 고찰할 기회를 얻었다.

6장 　 스스로의 무력과 역량으로 획득한 새 군주국에 대하여

이제 군주와 국가의 형태와 관련하여 전적으로 새로운 군주국을 논의할 텐데, 제가 위대한 인물들을 사례로 들더라도 놀라지 마시기 바랍니다. 사람이란 다른 사람이 다져놓은 길을 걷고 행동을 모방하면서 앞으로 나아가기 마련이지만, 대부분 그 길을 그대로 밟을 수도 없고 그 사람의 역량에 도달할 수도 없습니다. 그래서 신중한 사람은 언제나 탁월한 사람이 걸었던 길로 들어가고 뛰어났던 사람을 모방합니다. 비록 그들의 역량에 미치지 못한다 하더라도 적어도 그 향기 정도는 맡을 수 있도록 말입니다. 그리고 신중한 궁수처럼 행동해야 합니다. 과녁이 너무 멀리 떨어져 있는 듯 보이고 자기가 쏜 화살이 얼마나 멀리 날아가는지 알고 있을 때, 신중한 궁수는 표적보다 훨씬 더 높은 지점을 겨냥합니다. 높은 지점을 맞히기 위해서가 아니라 그렇게 높이 겨냥한 덕분에 본래 의도한 지점에 화살이 도달할 수 있기 때문입니다.

그러므로 새로운 군주가 새로운 군주국을 다스릴 때 겪는 어려움의 정도는 획득한 사람의 역량이 얼마나 뛰어난지에 따라 달라진다고 말씀드립니다. 평범한 사람이 군주가 되려면 역량이나 운이 있어야 하는데, 둘 중 하나라도 있다면 고생을 얼마간 더는 것 같습니다. 그러나 운에 지나치게 기대지 않는 사람이 지위를 더 잘 유지할 수 있습니다. 군주가 다른 국가를 다스리지 않아 직접 그곳에 거주한다면 더욱 도움이 될 것입니다.

운보다는 개인의 역량으로 군주가 된 인물을 살펴보자면 모세[1], 키루스[2], 로물루스[3], 테세우스[4] 등이 가장 뛰어나다고 하겠습니다. 이 가운데 모세는 그저 하느님의 명령을 수행한 사람에 불과하니 논외로 해야 한다고 할지도 모르지만, 하느님과 대화할 자격을 부여받은 은총만으로도 칭송받아 마땅합니다. 그러나 왕국을 획득하거나 세운 키루스나 다른 인물들을 고려해보면 모두 놀랄 만한 점이 있음을 알게 될 것이고, 그들의 행동과 조치를 하나하나 검토해보면 지극히 위대한 스승을 보좌했던 모세의 경우와 별로 달라 보이지 않을 것입니다. 그들이 얻은 운이란 오직 질료를 최선의 형상으로 만들어낼 기회였다는 사실을 그들의 행적과 생애에서 알 수 있습니다. 기회가 없었다면 정신적 역량은 꺼져버렸을 것이며, 역량이 없었다면 기회는 무산되어버렸을 것입니다.

1   모세는 기원전 13세기에 유대 민족을 이끌고 이집트에서 탈출한 지도자였다.
2   키루스 대왕(기원전 590?~529)은 페르시아 제국을 창건하여 다스렸다. 고대 페르시아에서는 백성의 아버지로 불린 이상적인 군주로 기억되었고, 성서에는 바빌로니아의 포로였던 유대인들의 해방자로 기록되어 있다.
3   로물루스는 기원전 8세기에 로마를 건국한 전설적인 인물이었다.
4   테세우스는 기원전 12세기 아테네의 왕으로, 아티카반도를 단일 국가로 통합한 전설적인 영웅이었다.

그런 면에서 모세의 입장에서는 유대인들이 이집트의 노예로 종속된 상태에서 탄압받아야 했습니다. 유대인들은 노예 신분에서 벗어나기 위해 모세를 따랐기 때문입니다. 로물루스도 로마를 건국하고 왕이 되기 위해 알바에서 태어나자마자 배척당하고 버림받는 과정이 필요했습니다.[5] 키루스도 메디아인의 지배에 불만을 품은 페르시아인과 오랜 평화로 유약하고 온순해진 메디아인이 필요했습니다.[6] 아테네인이 분열되지 않았더라면 테세우스는 역량을 마음껏 발휘할 수 없었을 것입니다. 결국 기회는 이 위대한 인물들에게 운으로 다가왔고, 그들은 탁월한 역량으로 기회를 잡았습니다. 그 결과 국가는 영광을 누리며 번영할 수 있었습니다.

이들처럼 자기 역량을 기반으로 군주가 된 자들은 나라를 어렵게 획득하지만 일단 획득하고 나면 쉽게 유지합니다. 초기 과정에서 겪는 어려움은 대부분 나라와 자신의 안전을 다지기 위해 새로운 제도와 통치 방식을 도입해야 한다는 점에서 비롯됩니다. 새로운 제도의 도입에 앞장서는 일이 가장 실행하기 어렵고 위험하며

5 로물루스는 아이네이아스의 후손인 누미토르의 딸 레아 실비아와 전쟁의 신 마르스 사이에서 레무스와 함께 쌍둥이로 태어났다. 알바를 다스리던 누미토르는 동생에게 왕위를 찬탈당하고 아들들은 살해되었으며 딸은 여사제가 되었다. 쌍둥이 형제는 테베레강에 버려졌지만 신의 도움으로 강변에 닿았고, 암늑대의 젖을 먹고 살아나 농부가 키웠다. 로물루스는 나중에 형제인 레무스를 죽이고 기원전 753년에 로마를 건국했다. "알바"는 로마 남동쪽의 알바롱가를 가리키며, 기원전 7세기에 로마의 3대 황제 호스틸리우스가 정복하여 로마에 편입했다.

6 메디아 왕국은 기원전 700년경부터 기원전 549년까지 서아시아에서 가장 강력한 나라였다. 평화롭게 지내다가 키루스 대왕(재위 기원전 559~529)에게 정복당해 페르시아 제국에 복속되었다.

성공을 보장할 수 없다는 점을 고려해야 합니다. 그렇게 했을 때 옛날 질서 아래서 혜택을 누리던 사람들은 모두 적으로 돌아서는 반면, 새로운 제도에서 혜택을 받을 사람들은 단지 미온적 지지자에 그칠 뿐이기 때문입니다. 미온적 태도는 한편으로는 법을 자기에게 유리한 방식으로 장악하고 있는 적에 대한 두려움에서 나오고, 다른 한편으로는 확실한 결과를 직접 경험하지 못하면 새로운 제도를 신뢰하지 않는 사람들의 불신에서 나옵니다. 따라서 〔새로운 제도에〕 적대적인 사람들은 기회가 있을 때마다 어김없이 전력을 다해 공격하지만 〔새로운 제도를〕 지지하는 사람들은 미온적 방어에 그쳐서 군주와 스스로를 위험에 빠뜨릴 수 있습니다.

그러므로 이 문제를 잘 논의하고자 하신다면 그런 개혁 세력이 다른 사람에게 의존하는지 아니면 자신의 힘으로만 서 있는지를, 즉 자신의 과업을 수행하기 위해서 어쩔 수 없이 다른 사람에게 부탁해야 하는지 아니면 적극 강요할 수 있는지를 검토해야 합니다. 전자라면 그들은 절대 성공하지 못하고 아무 일도 못 합니다. 그러나 오로지 자기 자신의 힘에만 의지하여 누군가에게 강요할 수 있다면 위험에 처하는 일은 거의 없습니다. 바로 이런 이유로 무장한 예언자는 모두 승리했고, 무장하지 않은 예언자는 파멸했습니다.[7] 이런 결과는 앞서 말씀드린 것 외에도 쉽게 변하는 민중의 본성 때문에도 일어납니다. 어떤 문제는 설득하기는 쉬워도 설득한 것을

---

7   "무장한 예언자"는 앞서 언급한 모세, 키루스, 로물루스, 테세우스를 가리키고, "무장하지 않은 예언자"는 뒤에 이야기할 사보나롤라를 가리킨다.

지롤라모 사보나롤라 초상화
(프라 바르톨로메오, 1498년경)

시뇨리아 광장에서의 화형
(프란체스코 로셀리, 16세기 초)

사보나롤라가 처형되는 모습을 묘사한 그림이다. 당시 광장은 시민들로 가득했지만
그림에서는 한산하다. 사보나롤라가 오로지 교회와 귀족의 음모로 죽었다는 사실을 표현하려
한 듯하다. 훗날 사보나롤라가 처형된 자리에 그의 죽음을 애도하는 기념판이 새겨졌다.

계속 유지하기는 어렵습니다. 따라서 그들이 더는 믿지 않으면 힘으로라도 믿게끔 해야 합니다.

만일 모세, 키루스, 테세우스, 로물루스가 무장하지 않았더라면 자기들이 수립한 제도를 민중에게 오랫동안 지키라고 할 수 없었을 것입니다. 우리 시대의 지롤라모 사보나롤라[8] 수도사처럼 말입니다. 대다수가 믿음을 거두자마자 그도, 그가 세웠던 새로운 질서도 함께 무너져 내렸습니다. 자신을 믿었던 사람들을 확고하게 잡아두지도 못했고, 믿지 않았던 사람들을 믿게 만들 방법도 찾지 못했기 때문입니다. 유능한 개혁자들이 일을 추진하는 과정에서 예외 없이 겪는 큰 어려움과 위험은 스스로의 역량으로 극복해야만 합니다. 일단 어려움을 극복하고 자신의 능력을 시기하는 무리를

---

8 지롤라모 사보나롤라(1452~1498)는 공화주의적 자유를 높이 평가한 도미니코 수도회 신부였다. 1482년 페라라에서 신학 공부를 마친 후에 피렌체에서 활동했다. 열정에 찬 그의 예언적 설교는 시민들에게 큰 반향을 불러일으켰다. 그는 로렌초 데 메디치(로렌초 일 마니피코)와 교황 인노켄티우스 8세(1432~1492)의 죽음을 내다보았고, 샤를 8세가 이탈리아를 침공하여 승리를 거둘 거라고 예언했다. 또한 피렌체의 도덕적 문란과 세속적 퇴폐 및 교황청의 악폐를 비판했다. 그는 1494년 11월 피에로 데 메디치가 이끄는 메디치 가문이 피렌체를 떠난 이후 피렌체의 가장 유력한 인물이 되었다. 안토니오 소데리니(1448~1500)와 함께 피렌체에 공화정 체제를 세우는 데 기여했다. 공화정 체제는 메디치 가문이 1512년 피렌체에 복귀할 때까지 이어졌다. 그러나 지나친 엄격주의는 많은 사람의 반감을 샀고 대외적으로는 피렌체의 외교를 원활히 수행하지 못했다. 그가 몰락한 가장 중요한 원인은 교황 알렉산데르 6세가 교회의 악폐를 냉정하게 비판한 그에게 적개심을 가져서였다. 알렉산데르 6세는 그를 파문했고, 피렌체에 성사聖事 금지령을 내리겠다고 위협했다. 그의 영향력은 크게 위축되었고, 마침내 1498년 5월 시뇨리아 광장에서 교수형을 당하고 시신은 불에 태워졌다.

제거하여 사람들의 존경을 얻으면, 이후에는 강력하고 공고하며 고결하고 번영하는 지도자로 남을 것입니다.

이와 같은 유명한 사례에 비해 덜 알려진 사례를 덧붙이고 싶습니다. 많이 알려지지는 않았지만 잘 알려진 일들과 비교되는 면도 있고 비슷한 경우의 전형적인 예로 삼기에도 충분하다고 봅니다. 바로 시라쿠사의 히에론 왕[9]입니다. 그는 일개 보통 사람[10]에서 시라쿠사의 군주가 되었습니다. 더욱이 기회를 얻은 것 말고는 운이 좋다고 할 무엇이 하나도 없었습니다. 시라쿠사인들은 억압받고 있을 때 그를 총사령관으로 뽑았고, 그는 총사령관이 되고 나서 군주가 될 자격을 입증했습니다. 그는 보통 사람의 운명에 따라 살 때도 대단한 역량을 발휘했고, 그에 대해 쓴 사람[11]은 "왕국만 없을 뿐 통치자로서 부족함이 없었다"라고 했습니다. 그는 옛 군대를 없애고 새로운 군대를 조직했으며, 예전의 동맹을 폐기하고 새로운 동맹을 맺었습니다. 확보한 동맹과 군대의 기초 위에 건물을 세울 수 있었습니다. 권력을 얻기 위해 대단한 수고를 감내해야 했지만 유지하는 데는 그만한 힘이 들지 않은 이유를 알 수 있습니다.

---

9 히에론 2세(기원전 308~216?)를 가리킨다. 그는 시라쿠사군의 사령관을 거쳐 왕이 되었다. 로마와 전쟁을 벌였으나 패배했다. 기원전 263년에 로마와 동맹을 맺었고, 그 대가로 시칠리아 동남부를 지배할 수 있었다. 그 동맹은 그가 죽을 때까지 이어졌다.

10 "보통 사람"의 원어 'privato'는 군주와 같은 공인 및 지배자에 대비되는 사인 및 시민의 지위와 입장에 처한 사람을 뜻한다. 이를테면 보통 사람이냐 군주냐에 따라 요구되는 역량의 역할과 의미가 달라질 수 있다.

11 2세기에 활동한 로마의 역사가 유스티누스를 가리킨다.

7장 다른 사람의 무력과 운으로 획득한 새 군주국에 대하여

보통 사람이 그저 운이 좋아서 군주가 될 수 있다 하더라도 유지하는 일은 무척 힘이 듭니다. 날아오른 처음에는 아무런 어려움이 없지만, 어려움은 자리를 잡았을 때 생겨납니다. 이런 일은 돈이나 누군가의 호의로 국가를 넘겨받을 때 일어납니다. 비슷한 일이 그리스에서 많이 일어났는데, 다리우스는 자신의 안전과 영광을 지키기 위해 이오니아와 헬레스폰토스[1]의 여러 도시에서 군주를 내세웠습니다.[2] 부패한 군인들을 매수하여 보통 사람이 제위에 올라 황제가 된 경우도 있습니다.[3]

이런 군주들은 자기들에게 국가를 넘겨준 사람의 의지와 운에

---

1 이오니아는 에게해 동쪽에 위치한 섬들과 아나톨리아 남서부 지역을 가리키며, 기원전 11세기부터 9세기까지 그리스인들이 식민지를 세웠다. 헬레스폰토스는 '헬레의 바다'라는 뜻으로, 현재의 다르다넬스 해협이다.

2 페르시아 제국의 다리우스 1세(기원전 550~486)는 제국을 20여 개의 행정 구역으로 나누었는데, 거기에 이오니아, 즉 소아시아의 그리스 도시들과 헬레스폰토스 해협에 인접한 도시들도 포함되었다.

3 19장 참조.

기대고 있을 뿐인데, 그 두 가지야말로 이루 말할 수 없이 불안정하고 변덕스럽습니다. 그들은 권력을 유지할 줄도 모르고 유지할 수도 없습니다. 권력을 유지할 줄 모르는 이유는 탁월한 재능과 역량을 갖추고 있지 않는 한, 보통 사람의 운으로 살아온 사람은 다른 이들을 통솔할 줄 모르기 때문입니다. 그들은 권력을 유지할 수도 없는데, 무엇보다 자기에게 우호적이고 충실한 세력이 없기 때문입니다. 빠르게 성장한 국가는 충분히 뿌리를 내릴 수도, 줄기를 뻗을 수도 없어서 초기의 궂은 날씨를 견디지 못하고 사멸하고 맙니다. 태어나자마자 성장하기 시작하는 자연의 만물은 다 그렇습니다. 다시 말씀드리지만 충분한 역량을 갖추지 못했는데 느닷없이 군주가 된 자들은 운이 좋아 품에 안았지만 그것을 지킬 준비가 되지 않았거나, 다른 사람들이 군주가 되기 이전에 닦아놓은 토대를 나중에라도 구축하지 못한다면 무너질 수밖에 없습니다.

앞서 말씀드려서 우리가 익히 기억하는 두 인물을 역량이나 운으로 군주가 된 두 가지 사례로 제시하고자 합니다. 다름 아닌 프란체스코 스포르차[4]와 체사레 보르자[5]입니다. 보통 사람이었던 프

---

4 밀라노 공국의 용병대장이었는데, 갖은 속임수와 책략을 동원하여 밀라노의 군주 자리에 올랐다(1장 주 6 참조).

5 체사레 보르자는 추기경 로드리고 보르자(나중에 교황 알렉산데르 6세가 됨)의 차남으로 태어나 다양한 성직 경력을 쌓았으며, 1492년에는 교황이 된 아버지를 대신하여 발렌시아의 대주교가 되었고, 1493년에는 추기경이 되었다. 정치적 성향이 속세의 참모를 필요로 하는 아버지의 요구와 맞아떨어져 1497년 추기경의 지위를 버리고 1498년 프랑스에서 루이 12세에게 발랑티누아 공작의 작위를 받았다. 1499년 이탈리아로 돌아와 프랑스 왕과 교황의 도움을 받아 군주가 되고자 했다.

란체스코는 적절한 수단[6]과 대단한 역량을 동원하여 밀라노 공작이 되었고, 수많은 시련 끝에 얻은 것을 별 어려움 없이 유지했습니다.[7] 반면 흔히 발렌티노 공작이라 부르는 체사레 보르자는 아버지를 잘 둔 운 덕분에 국가를 획득했다가 그 운 때문에 잃었습니다. 다른 사람의 무력과 운으로 차지한 국가에서 뿌리를 내리기 위해 신중하고 역량 있는 사람이라면 할 법한 일을 모두 다 했고 온갖 수단을 동원했지만, 결과는 변하지 않았습니다.

앞서 말씀드린 대로, [군주가 되기 전에] 토대를 마련하지 않은 사람이라 해도 뛰어난 역량을 지니고 있다면 나중에라도 마련할 수 있습니다. 건축가로서의 시련과 건물의 위험성을 떠안아야 한다 해도 말입니다.[8] [따라서] 발렌티노 공작이 한 모든 일의 과정을

그는 교황 알렉산데르 6세의 세속적 대리인이면서 독립적인 군주가 되려는 야망을 거침없이 쏟아냈다. 1500년부터 1501년에 이르는 시기에 리미니, 페사로, 파엔차를 점령했고 1502년에는 우르비노와 세니갈리아를 손에 넣었다. 그러나 1503년 교황 알렉산데르 6세가 사망하자 체사레도 극히 어려운 상황에 처하게 되었다. 게다가 새로 선출된 교황 율리우스 2세는 보르자 가문에 호의적이지 않았다. 교황 율리우스 2세는 1504년 5월 체사레를 체포하여 산탄젤로성에 감금했고, 체사레가 나폴리로 달아나 세력 재규합을 꾀하자 다시 잡아서 스페인으로 압송했다. 체사레는 1506년 10월 스페인 감옥에서 탈출하여 나바라로 건너가 몸을 숨겼으나, 1507년 3월 12일 나바라 반군의 손에 세상을 떠났다.

6 기만이나 배신까지 포함한다(《피렌체사》 4권 24장 참조).

7 용병대장에서 밀라노의 군주가 되는 과정에서 프란체스코 스포르차(1장 참조)가 꾸며낸 술책과 책동을 암시한다. 12장에서 자세한 논의가 나온다.

8 군주를 건물을 올릴 때 겪는 어려움과 완성된 건물이 제대로 서 있지 않은 모습을 볼 때 느끼는 위기감을 감당하고 이겨낸 건축가에 비교하고 있다. 전술한 대로, 군주는 다른 사람들이 앞서 닦아놓은 토대를 나중에라도 구축해야 권력을 유지할 수 있다. 마키아벨리는 건축의 비유를 즐겨 사용했다. 앞뒤로 사용하는 "토대"라는 명

체사레 보르자 초상화(알토벨로 멜론, 1515~1520년경)
마키아벨리는 체사레 보르자의 권력 장악 방식과 정치적 수완을 세심하게 관찰했고,
그의 무자비하면서도 효율적인 통치가 정치에서 필수적이라 생각하여 《군주론》의 중요한
모델로 삼았다. 그가 권력을 잃고 몰락하는 과정을 통해 정치적 불확실성도 설명했다.

들여다보면, 그가 미래의 권력을 위해 탄탄한 토대를 세웠다는 사실을 알 수 있습니다. 새로운 군주에게 더없이 좋은 사례가 되기 때문에, 그의 행적을 논의하는 일이 무의미하다고 생각하지 않습니다. 그가 만든 제도가 종국에는 성공을 거두지 못했지만 매우 극단적이고 지극히 사악한 운명 탓일 뿐 그의 잘못은 아니었습니다.

아들 발렌티노 공작을 위대한 인물로 키우고 싶었던 알렉산데르 6세는 당시는 물론 훗날에도 어려움을 많이 겪었습니다. 무엇보다도 아들을 교황령[9]에 속하지 않는 지역의 군주로 만들 방법이 없었습니다. 그렇다고 교황청의 통치력이 미치는 지역 일부를 아들에게 준다면 밀라노 공작[10]과 베네치아인들이 받아들이지 않을 것을 알고 있었습니다. 파엔차와 리미니가 이미 베네치아인들의 보호 아래 놓여 있었기 때문입니다.[11] 더욱이 이탈리아의 군대, 특히 알렉산데르 교황이 동원할 수 있는 군대는 교황의 힘이 커지는 것을 두려워할 수밖에 없는 사람들 손에 있었습니다. 알렉산데르 교

사는 건축의 구체적 맥락에서 더 확실한 이미지로 떠오른다.

9 교황의 권력이 지배적인 이탈리아의 도시와 영지를 가리킨다. 알렉산데르 6세와 율리우스 2세 때 특히 이탈리아 중부의 로마냐 지방을 중심으로 크게 확장되었다. 체사레 보르자가 정복한 곳은 주로 교황령이었다(11장 참조).

10 프란체스코 스포르차의 차남 루도비코 스포르차를 가리킨다(3장 주 5 참조).

11 파엔차는 로마냐 지방 북부에, 리미니는 로마냐 지방 동부에 위치한 도시로, 교황령에 직접 속하지 않았다. 파엔차는 만프레디 가문이, 리미니는 말라테스타 가문이 강력한 지배권을 행사했고, 대외적으로 상당히 독립적인 권력 체제를 구축하고 있었다. 두 가문은 베네치아와 무척 우호적인 관계를, 교황청과는 갈등과 협력의 복잡한 관계를 유지했다. 체사레 보르자는 그들을 포함하여 로마냐 지방에 대한 로마 교황청의 영향력을 재구축하려 했다.

황은 그런 상황을 알고 있었고, 모든 군사력을 오르시니 가문과 콜론나 가문[12] 및 그 가문들의 추종자들이 장악하고 있었으니 그들을 믿을 수가 없었습니다.

따라서 일부 지역에서라도 확실한 주인이 되려면 우선 기존 질서를 뒤흔들고 이탈리아의 국가들을 혼란에 빠뜨려야 했습니다. 이는 교황에게 무척 간단한 일이었습니다. 베네치아인들이 다른 이유로 다시 프랑스인들을 이탈리아로 불러들이려 한다는 정황을 알아차렸기 때문입니다. 교황은 반대하지 않았을 뿐 아니라, 루이 왕의 지난 결혼을 무효로 해주고 상황을 좀 더 유리하게 만들었습니다.[13] 그리하여 루이 왕은 베네치아인들의 지원과 알렉산데르 교황의 동의를 얻어 이탈리아에 침입했습니다. 루이 왕이 밀라노를 점령하자마자 교황은 그에게서 로마냐 정복에 동원할 〔프랑스〕 군대를 확보했고, 루이 왕은 자신의 명성을 지키고자 이를 허락했습니다.[14]

이렇게 로마냐를 얻고 콜론나 사람들을 물리친 발렌티노 공작은 확보한 영토를 유지하면서 좀 더 전진하고 싶었으나, 두 가지 걸림돌에 부딪혔습니다. 하나는 자신에게 충성을 다하지 않는 듯 보이

---

12 이 두 가문은 로마에서 강력한 영향력을 쥐었던 주요 귀족 가문으로, 당시 세속 정치권력과 교황의 자리를 두고 치열하게 경쟁했다.

13 3장 주 38 참조.

14 1499년 10월 6일 루이 12세는 밀라노를 점령하고 나서 교황 알렉산데르 6세와 약속한 대로 체사레 보르자에게 창기병 300명과 스위스 용병 4,000명을 지원했다. 체사레 보르자는 거기에 자신의 용병을 더해 군대를 보강했고, 1499년 11월부터 로마냐 지방 공략을 시작하여 대부분의 영토를 점령했다.

는 군대였고 다른 하나는 프랑스의 의지였습니다. 즉, 자신이 동원
한 오르시니의 군대가 자신을 따르지 않을까 의심스러웠고, 영토
확장을 방해할 뿐만 아니라 이미 획득한 영토마저 빼앗지 않을까
걱정했으며, 프랑스 왕도 비슷하게 행동하지 않을까 염려했습니다.
파엔차를 점령한 후 볼로냐로 진격했을 때 공격에 나서기를 주저
하는 오르시니의 군대를 보고 충성심이 없음을 확인했기 때문입니
다.¹⁵ 그리고 우르비노 공국을 점령하고¹⁶ 토스카나로 진격했을 때
는 루이 왕의 본심을 간파할 수 있었습니다. 루이 왕이 그[발렌티
노 공작]를 가로막고 토스카나 진격을 멈추라고 했기 때문입니다.

이쯤 되니 발렌티노 공작은 다른 사람의 군대와 운에 의존하지
않기로 결심했습니다. 맨 먼저 한 일은 로마에서 오르시니파와 콜
론나파를 약화시키는 일이었습니다. 이를 위해 두 세력을 추종하
던 귀족들에게 엄청난 혜택을 제공하여 자기편으로 끌어들이고,
각각의 자질에 따라 지휘권과 통치권을 부여했습니다. 그러자 몇
개월 안에 그들은 마음속에 남아 있던 예전 세력에 대한 충성심을
거두고 완전히 공작 편으로 돌아서고 말았습니다.

그다음, 콜론나파를 이미 내쫓은 터에 오르시니파를 아예 멸문
시킬 기회를 기다리고 있던 발렌티노 공작에게 마침내 좋은 기회
가 찾아왔습니다. 공작은 이를 놓치지 않았습니다. 공작과 교황청

---

15 1501년 4월 25일 체사레 보르자는 파엔차를 점령하고 이어서 볼로냐를 공격했지
만, 오르시니의 군대는 진격 속도를 늦췄고 프랑스 군대는 아예 공격을 중단했다.
이에 체사레 보르자는 볼로냐의 영주 조반니 벤티볼리오와 휴전할 수밖에 없었다.

16 체사레 보르자는 1502년 6월 21일 우르비노 공국을 점령했다.

이 막강한 힘으로 자신들을 파멸시키려 한다는 정황을 뒤늦게 깨달은 오르시니 사람들은 페루자에 있는 마조네에서 회합을 가졌습니다.[17] 우르비노에서는 반란이, 로마냐에서는 소요가 일어나는 등 수많은 위험이 닥쳤지만, 공작은 프랑스의 도움으로 모두 극복했습니다.[18] 이렇게 다시 명성을 얻자[19], 공작은 프랑스는 물론이고 어떤 외세도 절대 믿지 않았고, 외부에 기댔다가 위험에 빠지는 일을 피하고자 속임수를 썼습니다. 공작은 속내를 교묘하게 숨기고 파올로 영주를 통해 오르시니파의 지도자들과 다시 화해하는 척했습니다.[20] 공작은 파올로를 안심시키려고 돈, 의복, 말을 선물로 주면서 매우 융숭하게 접대했고, 결국 반대 세력은 순진하게도 세니갈리아에서 공작의 손아귀에 잡히고 말았습니다.[21]

---

17 1502년 10월 9일 페루자 근처 마조네에서 열린 이 회합에는 오르시니 가문과 함께 콜론나 가문, 벤티볼리오 가문, 발리오니 가문, 용병대장 비텔로초 비텔리(1458?~1502)와 페르모 영주 올리베로토 에우프레두치(1473~1502) 등이 참석하여 체사레 보르자에 대항할 방안을 모색했다.
18 10월 8일 귀도발도 다 몬테펠트로(20장)가 체사레 보르자가 점령하고 있던 우르비노를 탈환하는 데 이어 이몰라로 접근하던 벤티볼리오 군대를 리미니에서 급습하는 일이 일어났고, 10월 17일에는 체사레 보르자가 작은 소요들을 진압하지 못하기도 했다. 이에 프랑스는 500명의 보병을 보내 지원했다.
19 자신의 힘을 회복하다라는 뜻이다.
20 파올로 오르시니(1460?~1503)는 1502년 10월 25일 이몰라에서 다른 지도자들을 대표하여 체사레 보르자를 만났다. 체사레 보르자는 당시 강력한 세력이었던 오르시니 가문과 연합이 필요했다. 그러나 체사레 보르자는 권력 확보를 위해 다른 가문들과 동맹을 모색했고, 이는 오르시니 가문과의 사이에 긴장을 유발했다. 원래 교황군을 이끌면서 체사레 보르자를 위해 싸웠던 파올로 오르시니는 결국 그를 제거하려는 마조네 음모를 주도했다.
21 1502년 12월 31일에 체사레 보르자는 용병대장 비텔로초 비텔리와 페르모 영주

그렇게 우두머리들을 죽이고 추종자들을 친구로 만든 공작은 우르비노 공국과 로마냐 전역을 차지하여 확고한 권력을 위한 튼튼한 토대를 마련했습니다. 특히 로마냐 주민들이 그의 지배 아래서 번영을 누리기 시작하자, 공작은 자신이 민심의 지지를 받는다는 생각이 들었습니다. 이런 내용은 알려질 만한 가치가 있고 다른 사람들이 본받을 만하므로 논의를 이어가겠습니다. 로마냐 지방을 점령한 공작은 그동안 무능한 영주들이 그곳을 다스렸다는 사실을 알게 되었습니다. 영주들은 신민을 통치하지 않고 유린했으며 통합이 아니라 분열의 씨앗을 제공했습니다. 그래서 도둑질, 분쟁, 온갖 불법 행위가 가득했습니다. 공작은 그곳을 평정하고 신민이 군주의 권위에 복종하게 하려면 효율적인 정부를 세워야 한다고 판단했습니다. 그래서 잔인하기는 해도 일 처리에 능한 레미로 데 오르코[22]에게 그곳을 맡기고 전권을 부여했습니다.

레미로 데 오르코는 단기간에 로마냐에 평화와 질서를 정착시켜 놀랄 만한 명성을 얻었습니다. 나중에 공작은 레미로의 너무 비대한 권력이 반감을 사지 않을까 염려하여 바람직하지 않다고 생각했습니다. 그래서 로마냐 중심지에 저명한 재판장이 관장하는 시민 재판소를 설치하고 도시마다 시민을 대변할 법률가를 두었습니다.

올리베로토 에우프레두치를 세니갈리아에서 교살했다. 그리고 1503년 1월 18일에는 파올로 오르시니와 그라비나 오르시니를 텔라피에베성에서 교살했다.
22 레미로 데 오르코(1452~1502)(또는 라미로 데 로르콰라 불렸다)는 스페인 출신의 정치가였다. 체사레 보르자는 1501년 그를 로마냐의 영주로 임명했으나 1502년 처형했다.

그동안 취해온 엄격한 조치 때문에 레미로가 상당한 증오를 샀다는 사실을 인지한 후에는 민중의 마음을 달래고 완전히 자기편으로 만들고자, 지금까지 행해온 잔인한 행위는 자신이 아니라 통치자 레미로의 잔인한 성격 탓임을 보여주기로 작정했습니다. 적절한 기회를 포착한[23] 공작은 어느 날 아침[24] 두 토막이 난 레미로의 시체를 나무토막 하나와 피 묻은 칼과 함께 체세나 광장에 전시했습니다.[25] 민중은 이 참혹한 광경에 만족하면서도 경악을 금치 못했습니다.

다시 우리가 출발했던 곳으로 돌아가보겠습니다. 그리하여 공작은 자신의 군대로 무장한 데다가 가까이에서 자기를 공격할 만한 군대 대부분을 제거해버렸기 때문에 스스로 무척 강력해졌고 당면한 위험에서 어느 정도 안전해졌다고 생각했습니다. 계속해서 더 많은 영토를 정복하고 싶었던 공작은 프랑스 왕에게 조심스러운 태도를 취했습니다. 뒤늦게 실책을 깨달은 왕이[26] 자신의 계획을 용인하지 않으리라는 낌새를 눈치챘기 때문입니다. 공작은 다른 동맹을 찾기 시작했습니다. 그래서 프랑스가 가에타를 포위하고 있던 스페인 군대에 대항하여 나폴리 왕국에서 군사 작전을 벌이고 있을 때 미적지근한 태도로 프랑스 왕을 대했습니다.[27] 만일

---

23 레미로 데 오르코는 식료품을 과점하고 음모자들과 내통한 혐의로 기소되었다.

24 1502년 12월 26일이었다.

25 나무토막은 사형 집행에 사용한 도구였을 것이다. 시체가 두 토막이 났다는 것은 참수를 의미하는 것으로 보인다.

26 공작을 과소평가한 것을 뜻한다.

27 1503년의 일이다. 체사레 보르자는 프랑스와 동맹을 맺고 있었기 때문에 프랑스를 지원해야 했지만 사태를 관망하면서 시간을 끌었다.

알렉산데르 교황이 살아 있었다면 프랑스의 권세에서 벗어나려 한 공작의 계획은 제때 순조롭게 진행됐을 것입니다. 이것이 공작이 눈앞에 닥친 상황을 처리하는 방식이었습니다.[28]

그런데 미래의 상황을 생각해보니 무엇보다 새로운 교황이 우호적이지 않을 뿐 아니라 알렉산데르 교황이 자기한테 줬던 것을 빼앗으려 하지 않을까 의구심이 들었습니다. 그래서 네 가지 조치를 취하여 자신을 보호하고자 했습니다. 첫째, 빼앗은 지역의 영주 혈통을 단절시켜 새 교황이 영주들에게 권력을 되돌려줄 기회를 뿌리째 없애버렸습니다. 둘째, 앞서 말씀드렸듯이 로마의 귀족을 모두 포섭하여 교황을 공동으로 견제했습니다. 셋째, 추기경 회의단을 가능한 한 자기편으로 만들었습니다. 넷째, 공격을 받더라도 외부 도움 없이 물리칠 수 있도록 (알렉산데르) 교황이 죽기 전에 권력을 확장하려 했습니다.

이 중에서 앞의 세 가지는 알렉산데르가 죽었을 때 이미 완수해 놓았고, 나머지 하나도 거의 완성 단계에 있었습니다. 공작은 빼앗은 영토의 영주들을 가능한 한 많이 죽이고 극소수만 남겼으며, 로마 귀족과 추기경 대부분을 자기편으로 끌어들였습니다. 새로운

---

28 당시 프랑스의 루이 12세와 스페인의 페르난도 2세는 나폴리 왕국을 두고 전쟁을 벌이고 있었다(1장과 3장 참조). 전세가 스페인 쪽으로 기울자 알렉산데르 6세는 토스카나와 밀라노 병합을 위해 나폴리 인근의 가에타를 포위하고 있던 스페인과 동맹을 추진했다. 그런데 1503년 8월 18일 알렉산데르 6세가 갑자기 사망했고, 체사레 보르자도 거의 동시에 중병에 걸렸다. 알렉산데르의 사인은 말라리아로 알려졌지만, 둘이 동시에 병에 걸린 것을 두고 독살의 가능성이 제기되기도 했다.

영토 정복 부분을 살펴보면, 토스카나의 영주가 되려는 계획을 세워놓고, 페루자와 피옴비노는 이미 소유했으며, 피사를 자기 보호 아래 둔 상황이었습니다.[29] 더욱이 프랑스를 염려할 필요가 없었기 때문에(프랑스는 이미 스페인에 나폴리 왕국을 빼앗겼고, 적대 관계에 놓인 프랑스와 스페인은 너도나도 공작의 환심을 사야 하는 지경이었습니다) 피사를 급습할 수도 있었습니다. 그렇게 했더라면 루카와 시에나 일부는 피렌체에 대한 질투심 때문에, 일부는 공포심 때문에 굴복했을 테고, 피렌체는 속수무책이었을 것입니다. 만일 이런 일에 성공했더라면(이 모든 계획은 알렉산데르가 죽은 바로 그해에 실현될 수 있었습니다) 그는 견고한 권력을 구축할 정도의 막강한 군사력과 명성을 얻었을 테고, 더는 다른 사람의 운과 군대에 기댈 필요 없이 스스로의 역량과 권력으로 자립할 수 있었을 것입니다.

그러나 알렉산데르 교황은 공작이 칼을 든 지 5년 만에 세상을 떠났습니다.[30] 이제 공작의 영토로 확고하게 남은 곳은 로마냐 하나뿐, 나머지는 강력한 두 적대 세력[31] 사이에 놓여 힘을 쓸 수 없는 곳이 되었습니다. 설상가상으로 공작도 죽을병에 걸렸습니다. 그래도 불굴의 정신과 탁월한 역량의 소유자였던 공작은 사람들을

---

29 체사레 보르자는 1501년 9월 피옴비노를 장악했고, 1503년 1월에는 페루자를 점령했으며, 피사의 지배권을 두고 협상을 하고 있었다. 이런 일련의 과정은 피렌체에 큰 위협이 되었다.

30 1503년 8월 18일 알렉산데르 6세가 사망하면서 체사레 보르자의 세력은 급격하게 기울었다.

31 가에타에 있던 스페인 세력과 로마에 있던 프랑스 세력을 가리킨다.

바티칸을 떠나는 체사레 보르자(주세페 로렌초 가테리, 1877)
교황 알렉산데르 6세는 아들 체사레 보르자에게 이탈리아의 여러 지역을 통치하게 하여
교황청의 영향력을 확장하고자 했다. 그러나 교황 알렉산데르 6세가 죽자 교황청을 등에
업었던 체사레 보르자는 그동안 맺었던 동맹 관계들을 잃고 권력이 급속히 약화되었다.

자기편으로 끌어들이거나 그게 안 되면 파멸시켜야 한다는 점을
잘 알고 있었습니다. 그렇게 짧은 기간 동안 굳건한 토대를 세워놓
았으니, 만일 등 뒤에 적군이 있지 않았거나 몸이 건강했더라면 모
든 어려움을 이겨낼 수 있었을 것입니다.

그가 세워놓은 토대가 얼마나 훌륭했는지는 다음과 같은 사실에
서 알 수 있습니다. 로마냐는 한 달 이상 그를 기다렸습니다.[32] 로마

---

32 1503년 10월 말에는 일부 군대만이 그의 편에 남아 있었다. 체세나와 베르티노로

에서는 반죽음 상태인 그를 공격하는 일도 없었습니다. 더욱이 발리오니 가문, 비텔리 가문, 오르시니 가문이 로마에 왔어도 반란을 선동할 수 없었습니다. 공작은 자신이 원하는 사람을 교황으로 세울 수는 없었지만 적어도 원하지 않는 사람이 선출되는 일은 막을 수 있었습니다. 건강하기만 했더라도 알렉산데르 교황이 죽었을 때 모든 일이 술술 풀렸을 것입니다. 율리우스 2세가 선출되던 날, 그는 저에게 말했습니다.[33] 아버지의 사망 후 일어날 법한 모든 일을 생각했고 대비책도 찾아놓았으나, 다만 아버지가 돌아가실 때 자기도 죽어가고 있을 줄은 꿈에도 생각하지 못했다고 말입니다.

공작의 모든 행적을 두루 살펴보면 저는 그를 비난하고 싶지 않습니다. 오히려 앞서 말씀드렸듯이 타인의 무력과 운으로 권력을 차지한 사람이 귀감으로 삼을 만한 가치가 있다고 생각합니다. 커다란 뜻과 야망을 품은 그는 할 수 있는 최선의 행동을 했습니다. 오직 알렉산데르의 단명한 삶[34]과 자신의 질병 때문에 계획이 어긋나버렸을 뿐입니다. 그러므로 새로운 군주국에서 다음과 같은 조

는 1504년 4월 말까지, 포를리는 8월 2일까지 공작에게 충성심을 보였다. 몇몇 도시는 공작이 체포되었다는 소식을 듣고서야 투항했다.

33 알렉산데르 6세가 죽은 뒤에 중환 상태이던 피우스 3세(1439~1503)가 교황이 되었으나 약 한 달 후인 1503년 10월 18일에 그도 사망했고 10월 31일에 율리우스 2세가 즉위했다. 당시 마키아벨리는 교황 선출 회의를 참관하러 로마에 파견되었다. 그가 체사레 보르자와 대화를 나눈 것은 1503년 11월 7일로 알려져 있다.

34 알렉산데르 교황은 일흔 살이 넘어 사망했으므로 단명했다고는 말할 수 없다. 재위 기간도 11년으로, 그를 전후한 교황의 평균 재위 기간인 10년에 비해 짧지 않았다. 체사레 보르자가 야망을 실현하기 전에 알렉산데르 교황이 죽었다는 점을 강조하려는 의도에서 이렇게 표현한 것으로 보인다.

치가 필요하다고 생각하는 군주라면 이전에 누구도 한 적 없는 공작의 행동 사례를 세심히 참고하시기 바랍니다. 즉, 적의 위협을 피하고, 친구를 얻고, 무력이나 기만으로 승리하고, 민중의 사랑을 받으면서도 민중에게 두려움을 심어주고, 병사들의 존경을 받으면서도 병사들을 복종시키고, 자신을 공격하거나 공격할 가능성이 있는 자들을 말살하고, 새 제도로 옛 제도를 개혁하고, 엄격하면서도 친절하고, 고결하면서도 관대하게 처세하고, 불충한 군대를 해산한 뒤 새로 조직하고, 왕이나 군주들이 호의를 가지고 자신에게 혜택을 주든가 아니면 공격을 망설이게 만들 정도로 그들과 우호 관계를 유지하는 것 등입니다.

율리우스 교황 선출 과정에서 공작이 잘못된 선택을 했다는 점은 비난할 수 있습니다. 다시 말씀드리지만, 자기 마음대로 누군가를 교황으로 만들 수는 없어도 특정 인물이 교황으로 선출되는 일은 막을 수 있었기 때문입니다. 자신이 피해를 준 적이 있거나, 교황이 되고 나서 자신을 두려워할 만한 추기경이 교황으로 선출되는 일은 절대 막아야 했습니다. 사람들은 증오하거나 두려워하는 대상을 공격하기 때문입니다. 그가 피해를 준 적이 있는 추기경은 산피에트로 인 빈콜리, 콜론나, 산조르조, 아스카니오였고[35], 나머

---

[35] 차례로 다음 인물들을 가리킨다. 산피에트로 인 빈콜리의 추기경이었다가 교황 율리우스 2세가 된 줄리아노 델라 로베레, 조반니 콜론나 추기경(1456~1508), 로마 산조르조의 추기경 라파엘로 리아리오(1461~1521), 아스카니오 스포르차 추기경(1455~1505). 모두 체사레 보르자에게 적대적이었거나 체사레 보르자에게 모욕이나 피해, 공격을 당한 사람들이다.

지는 다들 교황이 되면 그를 두려워할 사람들이었습니다. 루앙[36]
과 스페인 추기경들만 예외였습니다. 스페인 추기경들은 관계와
의무 때문이었고[37], 루앙은 프랑스 왕국의 지지를 등에 업어 힘이
강했기 때문이었습니다. 그러므로 공작은 무엇보다도 먼저 스페인
출신을 교황으로 세워야 했으며, 그럴 수 없었다면 산피에트로 인
빈콜리가 아니라 루앙을 지지했어야 합니다. 요직의 인물들에게
새로운 혜택을 베풀면 과거의 불만은 잊으리라고 믿는 것은 자기
기만입니다. 이와 같은 선택에서 공작은 실수를 저질렀고 그 실수
가 결국 그가 몰락한 원인이었습니다.[38]

36　루앙의 대주교 조르주 당부아즈 추기경을 가리킨다(3장 참조).

37　"관계"란 혈통을 뜻한다. 체사레 보르자는 원래 스페인 혈통이었다. "의무"란 과거
　　에 은혜를 입은 적이 있다는 뜻이다.

38　한번 피해를 입은 사람은 요직을 차지하고 새로 혜택을 받는다고 해도 과거의 피
　　해를 잊지 못한다. 체사레 보르자는 교황 알렉산데르 6세의 정적이었던 줄리아노
　　델라 로베레 추기경이 교황 율리우스 2세가 되는 일(2장 참조)을 막아야 했다는
　　뜻이다(《로마사 논고》 3권 4장 참조). "과거의 피해는 새로운 혜택으로 전혀 지워
　　지지 않았다."
　　율리우스 2세는 보르자 가문에 호의적이지 않았으나 교황에 오르기 위해서는 체
　　사레 보르자 세력권의 추기경들 표가 필요했고, 체사레 보르자와 협상을 벌여 교
　　황청 군대 사령관과 로마냐의 통치권을 약속했다. 그러나 율리우스 2세는 교황이
　　되자마자 체사레 보르자의 로마냐 통치권을 빼앗고 체포하여 산탄젤로성에 감금
　　했다. 이후 체사레는 걷잡을 수 없이 몰락했고 결국 죽음에 이른다(7장 주 5 참조).
　　체사레 보르자는 그동안 적극 활용한 술책과 기만술에 이번에는 자기가 당한 꼴이
　　었고, 그것이 그의 최후가 되었다.
　　"몰락"의 원어 'ruina'는 폐허라는 뜻으로, 앞서 나온 "토대"라는 건축 용어와 대응
　　한다(2장 주 4와 7장 주 8 참조). 체사레 보르자는 건물의 토대가 무너져 폐허가
　　되듯 완전히 패배했다는 표현이다.

8장   사악함으로 군주국을 획득한 사람들에 대하여

그러나 보통 사람이 군주가 될 때 운이나 역량으로 돌릴 수 없는 경우가 두 가지 더 있는데, 여기서 간과하고 넘어가면 안 된다고 생각합니다. 한 가지는 공화국을 다룰 때 더 자세히 논의할 수 있다 하더라도 말입니다.[1] 두 가지 경우란 (누군가) 사악하고 역겨운 수단이나 방식으로 군주의 자리에 오르는 경우와 보통 시민이 다른 시민들의 호의를 얻어 자기 나라의 군주가 되는 경우입니다. 첫 번째 경우로는 과거와 현재의 두 가지 사례를 들겠지만, 장점을 따로 논하지는 않겠습니다. 이 경우를 필요로 하는 사람은 두 사례를 모방하는 것으로 충분하기 때문입니다.

시칠리아의 아가토클레스[2]는 보통 사람의 운명, 그것도 아주 미

---

1   마키아벨리는 위에서 거론하는 두 가지 경우를 각각 이번 8장과 다음 9장에서 다루고 있다. 《로마사 논고》의 1권 52장, 3권 8장, 3권 34장을 참조하라는 견해가 있는데, 그 부분들은 공화국에서 독재 권력을 어떻게 견제하는지에 관한 내용이기 때문에 사실상 위의 두 경우에 맞지 않는다.

2   아가토클레스(기원전 361~289)는 시칠리아에서 옹기장이의 아들로 태어나 옹기

천하고 쇠락한 가문 태생이었지만 시라쿠사의 왕이 되었습니다. 옹기장이의 아들로 태어난 그는 언제나 악행을 저지르며 살았습니다. 그런데도 정신과 육체의 역량이 넘쳤기 때문에 군대에 들어가 모든 계급을 거쳐 마침내 시라쿠사 사령관 자리에 올랐습니다. 지위를 확보한 뒤 그는 군주가 되기로 마음먹었고, 그때까지와는 달리 다른 사람들의 도움 없이 무력으로 권력을 유지해보리라 결심했습니다. 이러한 목적을 달성하기 위해 당시 시칠리아에서 군대를 거느리고 전투를 치르고 있던 카르타고의 하밀카르[3]와 음모를 꾸몄습니다.

어느 날 아침 아가토클레스는 공화국의 중대사를 결정하는 자리라고 속여 시라쿠사의 원로원과 민중을 불러 모은 다음, 동원한 병사들에게 미리 지시한 신호를 보내 원로원 의원과 민중 가운데 부자들을 모두 살해했습니다. 그는 시민들에게 아무런 저항도 받지 않은 채 도시의 군주 자리를 장악하고 유지해나갔습니다.

[아가토클레스는] 카르타고에 두 번이나 패하고 결국 포위까지 당하기도 했지만 도시를 지킬 수 있었을 뿐 아니라 도시 방어를 위해 남겨둔 병력을 제외한 나머지 군사를 이끌고 아프리카[4]를 공

장이 일을 하다가 군인이 되었다. 기원전 317년 용병을 지휘하여 시라쿠사에서 약 1만 명의 시민을 추방하거나 죽이고 나서 스스로 참주가 되었다. 그는 빈민 구제책을 장려했고 군대를 보강했으며, 기원전 316년에서 기원전 313년까지 벌인 전쟁을 통해 시칠리아 대부분을 장악했다.

3 카르타고의 장군으로 아가토클레스와 전쟁을 벌였으며, 시라쿠사를 포위 공격하던 중에 사로잡혀 기원전 309년에 처형되었다.

4 카르타고가 위치한 곳을 가리킨다.

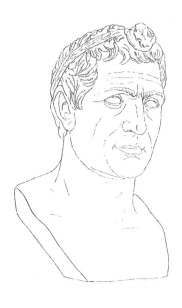

아가토클레스의 흉상(추정)(1886, 바티칸 박물관)

아가토클레스의 동전
당시 시라쿠사의 폭군 아가토클레스가 사용한 은화 리트라는
앞면에는 아테나의 머리가, 뒷면에는 페가수스가 그려져 있으며
페가수스의 배 아래에는 아가토클레스를 상징하는 트리스켈레스가 새겨져 있다.

격하기도 했습니다. 이렇게 해서 그는 짧은 시간에 카르타고의 포위에서 시라쿠사를 구하고 적을 극단의 상황으로 몰아넣었습니다. 카르타고는 아가토클레스와 합의할 수밖에 없게 되자 아프리카의 영지에 만족하고 시칠리아를 넘겨주었습니다.[5]

그러므로 아가토클레스의 행적과 생애를 고찰해본 사람이라면, 운으로 돌릴 수 있는 부분은 없거나 무척 작다는 사실을 알게 될 것입니다. 앞서 말씀드린 대로, 그는 누군가의 호의가 아니라 자기 힘으로 수많은 어려움과 위험을 극복하고 얻어낸 군대 계급을 발판으로 군주의 자리를 거머쥐었고, 이후 무모하면서도 위험천만한 수단까지 동원하여 자리를 유지했습니다. 그러나 동료 시민을 죽이고 친구를 배신하며 신의, 자비, 신앙심도 없는 것을 역량이라 부를 수는 없습니다. 갖가지 수단을 동원해 권력을 얻을 수는 있을지언정 명예를 얻기는 어렵습니다. 위험 속으로 뛰어들어 위기에서 벗어나는 역량과 곤경을 견디고 극복하는 그의 위대한 영혼을 보면, 아가토클레스는 그 어떤 탁월한 지휘관과 비교해도 손색이 없다고 판단됩니다. 그러나 수도 없이 저지른 악행, 지독한 잔혹성, 비인간성을 보면 탁월하다고 칭송받는 인물의 반열에 들이기는 어렵습니다. 따라서 그가 운도 역량도 없이 이뤄낸 결과를 운 또는 역량 덕분이라고 말할 수는 없습니다.[6]

---

5 시칠리아 전체가 아니라 그리스인이 살던 동부 지역에 한정되었다. 서부 지역은 여전히 카르타고가 장악했다.

6 이 대목에서 "역량"은 인간성과 명예, 신앙과 같은 덕목을 가리킨다. 마키아벨리는 아가토클레스가 군주가 되는 과정에서 보여준 위기에서 벗어나는 역량과 곤경을

이제 우리 시대의 사례로는 알렉산데르 6세가 교황으로 재위했던 시기의 페르모 출신 올리베로토를 들 수 있습니다.[7] 고아가 된 그를 조반니 폴리아니라는 외숙부가 양육했습니다. 젊은 시절 파올로 비텔리[8] 휘하에서 군사 훈련을 받았고, 군인으로서 상당히 높은 계급까지 올랐습니다. 그러다 파올로가 죽은 뒤 그의 형 비텔로초[9]가 지휘하는 전쟁에 나갔습니다. 인물이 총명하고 신체와 정신이 강건했기 때문에 단기간에 군대에서 일인자가 되었습니다. 그러나 그는 다른 사람의 지휘를 받는 것을 굴욕이라 생각했고, 비텔로초의 지원과 조국의 자유보다 노예 상태를 원하는 일부 시민[10]의 도움을 받아 페르모를 차지하기로 결심했습니다.

그는 외숙부에게 자기가 오랫동안 집을 떠나 있었으니 돌아가

극복하는 용기를 높이 평가한다. 그런 의미에서 아가토클레스는 운에 의지하지 않았다. 그런데 마키아벨리는 아가토클레스가 저지른 잔혹하고 비인간적인 배신과 악행까지 역량이라 부를 수는 없으며, 따라서 아가토클레스는 운과 역량 없이 군주 자리에 올랐다고 결론을 내린다. 여기서 마키아벨리의 역량 개념에서 윤리성이 차지하는 비중을 확인할 수 있다(1장 주 9 및 '옮긴이 해제' 참조).

7　마키아벨리는 올리베로토 에우프레두치를 보통 사람으로서 다른 시민들의 도움을 받아 영주가 된 사례로 든다. 올리베로토는 이탈리아 중동부 마르케 지방의 페르모에서 태어나 1501년 12월 26일에 그곳의 통치권을 확보했으나, 이듬해 마조네의 공모에 가담했다가 세니갈리아에서 체사레 보르자에게 교살당했다(7장 참조).

8　파올로 비텔리(1461~1499)는 용병대장으로 이름을 떨쳤다. 1498년 그를 고용한 피렌체는 그가 피사와 벌인 전쟁에서 취한 작전에 불만을 품고 그의 행동을 의심했으며, 1499년 끝내 체포하여 처형했다.

9　파올로의 형 비텔로초 비텔리도 당시 유명한 용병대장이었다.

10　페르모는 당시 자유 공화국이었다. 위의 문장은 페르모의 일부 시민이 글자 그대로 노예 상태를 선호했다는 의미가 아니라 어떤 영향력 있는 인물을 불러들여 그 아래서 자기들 권력을 더욱 강화하려 했다는 뜻이다.

서 고향을 둘러보고 싶고, 유산 상태도 확인하고 싶다는 내용의 편지를 썼습니다. 이어서 자신은 명예를 얻으려 노력했고, 그동안 허송세월하지 않았다는 사실을 시민들에게 보여줄 수 있도록 친구와 부하 100명으로 구성된 기병대를 이끌고 명예롭게 방문하고 싶다고 했습니다. 그러하니 페르모의 시민들에게 환영받을 수 있도록 준비해달라고 부탁하면서 이 일은 자기 자신뿐 아니라 한때 양육자였던 외숙부에게도 명예가 될 것이라고 덧붙였습니다.

그리하여 외숙부는 조카가 적절한 대우를 받을 수 있도록 빈틈없이 준비했고 페르모 시민들은 명예롭게 그를 맞이했습니다. 올리베로토는 외숙부 집에 며칠 동안 머무르며 앞으로 벌일 악행을 주도면밀하게 준비한 뒤, 외숙부와 페르모의 주요 인사들을 모두 초대하여 성대한 잔치를 열었습니다.[11] 식사를 하고, 으레 따르기 마련인 뒤풀이 여흥도 모두 막을 내리자 올리베로토는 알렉산데르 교황과 그의 아들 체사레의 위대함과 업적을 언급하다가 슬그머니 중요한 문제를 거론했습니다. 외숙부와 다른 인사들이 답을 하자, 갑자기 일어나 그런 내용은 좀 더 은밀한 장소에서 논의해야지 않겠냐고 제안했습니다. 그가 다른 방으로 들어가자 외숙부와 다른 인사들이 뒤따라갔습니다. 그런데 그들이 자리에 앉자마자 은밀한 곳에 숨어 있던 병사들이 튀어나와 한 명도 남김없이 살해해버렸습니다.

이렇게 살해를 저지르고 난 뒤 올리베로토는 말을 타고 돌아다

---

11 1501년 12월 26일. 크리스마스의 두 번째 축하연으로, 잔치를 벌일 좋은 핑계가 되었다.

올리베로토 에우프레두치
(작가 미상, 1490)

비텔로초 비텔리 초상화
(루카 시뇨렐리, 1492)

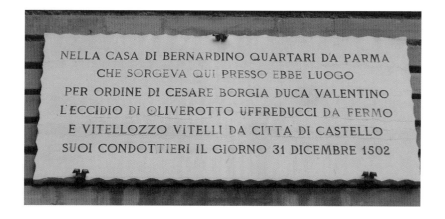

NELLA CASA DI BERNARDINO QUARTARI DA PARMA
CHE SORGEVA QUI PRESSO EBBE LUOGO
PER ORDINE DI CESARE BORGIA DUCA VALENTINO
L'ECCIDIO DI OLIVEROTTO UFFREDUCCI DA FERMO
E VITELLOZZO VITELLI DA CITTA DI CASTELLO
SUOI CONDOTTIERI IL GIORNO 31 DICEMBRE 1502

세니갈리아시에 있는 올리베로토와 비텔로초 비텔리의 기념패
1502년 12월 31일, 발렌티노 공작 체사레 보르자의 명령으로 이 근처에 있던 베르나르디노
콰르타리 다 파르마의 집에서 올리베로토 에우프레두치와 비텔로초 비텔리 학살이 일어났다.

니며 도시를 장악했고 주요 관리들의 집을 포위했습니다. 공포를 느낀 사람들은 그에게 복종했고 그를 군주로 삼는 정부를 세울 수밖에 없었습니다. 올리베로토는 자신에게 불만을 품고 해를 가할 만한 사람들을 모두 죽이고 새로운 민사 및 군사 제도를 마련하여 지위를 강화했습니다. 그리하여 도시를 점령한 지 1년 만에 페르모에서 안전을 확보했을 뿐만 아니라 이웃 모두에게 공포의 대상이 되었습니다. 앞서 말씀드렸듯이 세니갈리아에서 오르시니와 비텔리가 사로잡혔을 때 올리베로토가 체사레 보르자에게 속지 않았다면, 그를 축출하는 일은 아가토클레스를 무너뜨리는 일만큼이나 어려웠을 것입니다. 그러나 외숙부를 죽인 지 1년 만에 올리베로토는 바로 같은 곳에서 붙잡혔고, 역량이나 사악함으로 따지면 한참 스승이라 할 수 있는 비텔로초와 함께 교수형을 당하고 말았습니다.

아가토클레스나 비슷한 유형의 인물들이 배신과 잔혹 행위를 수없이 저지르면서도 어떻게 나라를 오랫동안 안전하게 통치하고 외부의 위협을 잘 막아냈는지, 어떻게 시민들의 음모에 걸려들지 않았는지 궁금해하는 사람들도 있을 줄 압니다. 잔혹한 짓을 저지른 사람들은 대부분 불안정한 전쟁 시기에는 말할 것도 없고 평화 시에도 권력을 유지하기 힘들었기 때문입니다. 저는 이러한 차이가 잔인한 행위를 잘 활용했는지 또는 잘못 활용했는지에 따라 좌우된다고 생각합니다. (악에 대해서도 '잘'이라는 단어를 사용할 수 있다면) 안전을 지키기 위해 필요하다면 딱 한 번 나쁜 짓을 저지르고, 이후 악행을 계속 이어가지 않으면서 최대한 신민들에게 도움이 되는 방향으로 전환한다면 잘 활용했다고 할 수 있습니다. 반면 처음에는 횟수가 적다가 시간이 갈수록 사라지기는커녕 증가하는 경우, 잘못 활용했다고 할 수 있습니다. 전자의 방법을 따르는 사람들은 아가토클레스가 그랬듯이 신과 사람들의 도움으로 국가의 대책을 마련할 수 있습니다. 그러나 후자의 방법을 따른다면 권력을 유지할 수 없습니다.

그러므로 국가 권력을 장악할 때는 반드시 필요한 모든 가해 행위를 검토하고 그 모두를 단번에 실행하여 매일 되풀이할 필요가 없도록 조치하셔야 합니다. 그렇게 해서 사람들을 안심시키고 혜택을 베풀면 민심을 자기편으로 끌어들일 수 있습니다. 소심하거나 판단력이 부족해서 그렇게 행동하지 않는 사람은 언제나 손에 칼을 쥐고 있어야 합니다. 가해 행위가 새로 발생하거나 계속 이어진다면 신민들은 그(군주)를 안심하고 믿을 수가 없고, 그(군주)도 결코 신민들을 믿고 의지할 수 없을 것입니다. 가해 행위는 단숨에 저질러야 (당하는 사람도) 그 맛을 덜 느끼고 피해를 당한다는 생각도 덜 합니다. 반면 혜택은 조금씩 베풀어야 그 맛을 더 잘 느낄 수 있습니다. 그리고 무엇보다 군주는 언제나 신민들과 함께 살면서 좋은 일이 일어나든 나쁜 일이 일어나든 행동의 변화가 없어야 합니다. 그러지 못하면 역경에 부딪혀 필요한 행동을 해야 할 때가 와도[12] 단호한 조치(가해 행위)를 취할 시간적 여유가 없을 뿐만 아니라 설사 시혜를 베풀어도 별 도움이 되지 않을 것입니다. 억지

---

12 앞서 말했듯이 가해 행위나 시혜 행위를 갑자기 취해야 하는 경우를 가리킨다.

로 마지못해 베풀었다고 여겨서 〔신민들이〕 전혀 고마워하지 않을 테니 말입니다.

9장 시민 군주국에 대하여

이제 다른 측면으로 돌아가서 〔보통 사람이〕 군주가 되는 두 번째 경우, 즉 보통 시민이 사악한 방법이나 용납할 수 없는 폭력을 통해서가 아니라 다른 시민들의 호의에 힘입어 군주가 되는 유형을 말씀드리겠습니다(시민 군주국[1]이라 부를 수 있는 이런 국가를 이루려면 전적으로 역량이나 운이 아니라 운을 잘 이용하는 영악함[2]이 더 필요함

---

1 시민 군주국은 공화정의 구조 위에 지탱되는 군주국이라 할 수 있다. 시민 군주국에 대한 논의는 마키아벨리가 피에로 소데리니(1451~1522) 아래서 일하며 겪은 실패한 이상적 공화주의의 경험을 반영한 것으로 보인다. 피에로 소데리니는 메디치 가문이 망명하고 사보나롤라도 죽고 난 혼란한 상황에서 1502년 종신제 곤팔로니에레가 되어 피렌체를 통치했다. 9명의 위원으로 구성된 시뇨리아라 불리는 위원회가 최고 의사결정 기구였으며, 시뇨리아의 수장을 곤팔로니에레라 불렀다. 소데리니는 피렌체를 민주적인 공화국 체제로 운영했지만, 대내외의 복잡한 상황에 적절히 대처하지 못했다. 이후 1512년 메디치 가문이 교황 율리우스 2세의 지원 아래 피렌체로 복귀하면서 소데리니는 곤팔로니에레에서 물러났고, 우여곡절 끝에 1537년 피렌체에는 메디치 가문이 통치하는 군주제가 정착했다.

2 영악함은 사람과 사태를 기민하고 약삭빠르며 빈틈없이 판단하고 대처하는 태도를 가리킨다. 마키아벨리는 특히 신의의 문제를 다루면서 영악함을 새로운 군주가 지녀야 할 주요 역량으로 간주한다(18장 참조).

니다). 이런 지위에 오르는 데는 민중의 호의에 의한 방법과 귀족의 호의에 의한 방법이 있습니다.[3] 도시마다 (민중과 귀족이라는) 서로 다른 기질의 사람들이 있기 때문입니다.

민중은 귀족에게 명령받거나 억압당하기를 원하지 않고, 반대로 귀족은 민중에게 명령을 내리고 억압하고 싶어 합니다. 이처럼 서로 다른 두 가지 (정치적) 욕구가 시발점이 되어 도시에서는 군주국, 자유, 방종[4]이라는 세 가지 형태 가운데 하나가 나타나게 됩니다. 군주국은 기회를 포착한 민중이나 귀족에 의해 탄생합니다. 귀족은 민중을 억누를 수 없다는 것을 알게 되면 자신들 가운데 한 사람에게 명성을 돌리고 그를 군주로 만든 다음 그의 그늘 아래서 욕망을 실현하고자 합니다. 또 민중도 귀족에게 저항할 수 없다는 것을 알게 되면 자신들 가운데 한 사람에게 명성을 돌리고 그를 군주로 만든 다음 그 권위를 통해 보호받고자 합니다.

귀족의 도움으로 군주 자리에 오른 사람은 민중의 도움으로 군

---

3 "귀족"의 원어 '그란디grandi'는 르네상스기 이탈리아 도시 공동체에서 권력과 부, 사회적 영향력을 지닌 사람들을 가리킨다. 전통적으로 토지에 기반을 둔 세습 봉건 귀족과 달리, 주로 무역과 금융을 통해 축적한 경제적 부를 기반으로 새롭게 사회 지도층에 올라선 신흥 귀족이다. "민중"의 원어 '포폴리popoli'는 상대적으로 부와 권력을 지니지 못한 다수를 가리키는 말이다. '그란디'와 '포폴리'는 둘 다 도시 공동체를 구성하는 모든 시민을 포괄하는 용어다. 각각 '대시민'과 '평시민'으로 부를 수도 있으나, 이 책에서는 편의상 '귀족'과 '민중'으로 번역했다. 한편 마키아벨리는 '시민cittadino'이라는 용어를 빈번하게 사용하는데, 이는 통상적 의미에서 도시 공동체의 구성원 전체를 가리킨다.

4 "자유"는 시민의 절대적 자유에 토대를 둔 공화국을, "방종"은 도덕과 관습, 법률이 부패한 상태를 가리킨다(《로마사 논고》 1권 18장 참조).

주 자리에 오른 사람보다 권력을 유지하기가 더 어렵습니다. 주위에 스스로를 군주와 대등하다고 생각하는 사람이 많아서 군주가 자기 방식대로 명령을 내리거나 마음대로 다룰 수 없기 때문입니다. 반면 민중의 호의로 군주의 자리에 오른 사람이 자리를 독차지할 수 있는 이유는 주위에 반대할 사람이 전혀 없거나 있어도 소수에 불과하기 때문입니다.

더욱이 군주는 다른 사람을 중상모략하지 않고 고결하게 행동하는 것만으로는 귀족들을 만족시킬 수 없습니다. 그러나 민중은 그런 행동만으로도 만족시킬 수 있습니다. 민중의 목표는 귀족의 목표보다 고결해서 귀족은 오로지 억압하려 하지만 민중은 억압받지 않으려 하기 때문입니다. 더 나아가 군주가 적대적인 민중에게서 자신을 지키기 어려운 이유는 수가 너무 많아서입니다. 반면에 귀족들은 그 수가 적기 때문에 자신을 지킬 수 있습니다.

군주가 적대적인 민중에게 당할 수 있는 최악의 상황은 버림받는 것입니다. 그러나 적대적인 귀족들에게는 단지 버림받는 것에 그치지 않고 그들이 반역을 일으키는 사태까지 두려워해야 합니다. 귀족들은 통찰력이 있고 영악하여 스스로를 보호하기 위해 항상 먼저 행동하고 승산이 있는 자의 환심을 얻고자 노력하기 때문입니다. 그리고 군주는 늘 같은 민중과 살아야 하지만 늘 같은 귀족들과 살 필요는 없습니다. 군주가 원하면 언제든지 귀족에게 작위를 줄 수도 있고 빼앗을 수도 있으며, 원하는 대로 명성을 높여주거나 없앨 수도 있기 때문입니다.

이 부분을 더 명확히 하기 위해 말씀드리자면, 귀족의 두 가지 점을 주로 고려해야 합니다. 귀족들은 당신의 운과 자신들의 운을 완전히 결부시켜 처신하거나 완전히 반대로 행동합니다. 당신의 운과 관련이 깊고 탐욕을 부리지 않는 자들은 존중하고 애정을 줘야 하지만, 그렇지 않은 자들은 두 가지 유형으로 나누어 검토해야 합니다. 먼저 소심하거나 선천적으로 용기가 없어서 그렇게 행동한다면 당신은 그들에게 필요한 조언을 해줄 수 있는 자들을 잘 활용해야 합니다. 번영의 시기에는 그들이 당신을 명예롭게 해주겠지만, 역경의 시기에 그들은 당신이 그리 두려워할 만한 존재가 못 되기 때문입니다. 그러나 귀족들이 영악하게 야심을 품고 당신에게 의무를 다하지 않는다면, 이는 당신보다 자신들을 더 생각하고 있다는 징표입니다. 따라서 군주는 이런 귀족들을 계속 지켜보며 공공연한 적으로 간주하고 두려워해야 합니다. 그들은 군주가 역경에 처하면 언제라도 군주를 파멸시키는 데 힘을 보탤 것이기 때문입니다.

한편 민중의 호의를 얻어 군주가 된 사람이 민중의 환심을 계속 유지하려 노력하는 일은 그리 어렵지 않습니다. 민중은 오직 억압당하지 않는 상태만을 원하기 때문입니다. 그러나 민중과 대립하고 귀족들의 호의로 군주가 된 사람은 무엇보다 민중의 환심을 사도록 노력해야 하는데, 이는 민중을 보호하는 모습을 보여주면 쉽게 이룰 수 있습니다. 사람이란 박해를 예상했던 사람이 선행을 베풀면 더욱 의지하는 법입니다. 민중은 자신들의 호의로 권력을 잡은 군주보다 그런 군주에게 더 우호적인 감정을 느낍니다.

군주가 민중의 환심을 얻는 방식은 여러 가지일 텐데, 상황에 따라 달라지기 때문에 분명한 법칙을 제시할 수는 없습니다. 이에 관해서는 뒤에 논의하도록 남겨두겠습니다. 다만 군주는 민중을 친구로 만들어야 한다는 결론을 내리고자 합니다. 그렇지 않으면 역경이 닥쳤을 때 전혀 손을 쓸 길이 없습니다. 스파르타의 군주 나비스[5]는 그리스의 모든 세력은 물론이고 승승장구하고 있던 로마군의 포위 공격을 견뎌내어 국가와 권력을 지킬 수 있었습니다. 위험이 닥쳤을 때 그는 몇 안 되는 적에게서만 자신을 지키면 되었습니다. 그가 만일 민중을 적으로 두었다면 어림도 없었을 것입니다.

이러한 제 생각에 대해 "민중 위에 서 있는 자는 진흙 위에 서 있는 것과 같다"라는 진부한 격언으로 반대하는 사람이 없기를 바랍니다. 이 격언은 민중의 호의로 권력을 잡은 보통 시민이 적이나 고위 관리에게 압력을 받는 상황에서 민중이 자신을 구해줄 거라고 (잘못) 믿을 때에 해당합니다. 그런 상황에서는 로마의 그라쿠스 형제와 피렌체의 조르조 스칼리처럼 자신이 착각했다고 쉽게 깨닫게 될 것입니다.[6] 그러나 민중을 기반으로 하여 군주가 된 사람이

---

5 나비스(기원전 240?~192)는 스파르타의 마지막 군주로서, 혁신적인 정책을 펼치며 스파르타의 재기를 꾀했다. 마케도니아 왕 필리포스 5세와 로마가 서로 세력을 확장하며 겨루는 동안에 팽창 정책을 추진했다. 스파르타에서 아이톨리아인들이 반란을 일으켰을 때 암살당했다.

6 티베리우스 그라쿠스(기원전 163?~133)와 가이우스 그라쿠스(기원전 154~121) 형제는 공화정 시대 로마의 호민관을 지내면서 평민의 권익을 보호하려 애쓰다가 목숨을 잃었다. 그들이 권익을 보호하려 노력한 평민들은 그들을 이해하지 못했고 무능하기까지 했다(《로마사 논고》 1권 37장 참조). 한편 피렌체의 부유한 시민이었던 조르조 스칼리는 1378년 치옴피의 난이 일어났을 때 민중의 지도자가 되고자 했다. 그가 톰마소 스트로치와 함께 민중을 이끌었을 때 부유한 시민 계급은 반

민중을 통솔하는 법을 알고, 역경이 닥쳐도 굴하지 않으며, 만반의 준비를 하고 불굴의 의지와 활기 넘치는 정책으로 나라를 유지할 수 있다면 절대로 민중에게 배반당하는 일은 없으며 권력이 확고한 반석 위에 세워져 있음을 알게 될 것입니다.

이런 군주국들은 대개 시민 체제에서 절대 체제로 올라가려고 할 때 위험에 빠지기 쉽습니다.[7] 이때는 군주가 직접 통치하거나 관리를 통해 통치하기 때문입니다. 특히 후자의 경우에 군주의 입지가 더 약하고 위험한 이유는 관리로 세운 시민들의 뜻에 군주가 전적으로 의존하기 때문입니다. 그들은 특히 어려운 상황이 닥치면 [군주에게] 반대하거나 불복종하여 국가를 쉽게 빼앗을 수 있습니다. 더욱이 위험에 처한 군주는 절대 권력을 세울 시간이 없습니다. 관리의 명령을 받는 데 익숙해진 시민이나 신민은 위기 상황에서 군주에게 복종하려 하지 않기 때문입니다.

관리를 앞세워 통치하는 군주는 혼란스러운 시기에 믿고 의지할 수 있는 사람을 찾기 어렵습니다. 군주는 시민이 국가를 필요로 하는 평화의 시기에 보여주었던 모습만 믿고 시민에게 의존할 수는 없기 때문입니다. 평화의 시기에는 모두가 군주에게 몰려들어 충

발했는데, 정작 민중은 그들을 지지하지 않았다. 스트로치는 도주했지만 스칼리는 1382년 1월 17일에 목숨을 잃었다.

7 이 문장은 시민 군주국이 절대 군주국으로 변형되는 것을 경고하는 뜻으로 해석할 수도 있다. 특히 관리를 통해 통치하는 군주정 체제의 메디치 가문에 대해 시민이 언제든 국가와 자신[군주]을 필요로 하게 만드는 현명한 군주가 되라는 따끔한 권고로 새길 수 있다.

성을 맹세하고, 죽음이 멀리 있는 마당이니 저마다 군주를 위해 목숨을 바치겠다고 나섭니다. 그러나 국가가 역경에 처해서 시민의 힘이 필요한 때가 오면 그런 사람을 찾기 어렵습니다. 더욱이 그렇게 시민의 충성도를 시험하는 일은 딱 한 번만 시도할 수 있기에 지극히 위험합니다. 따라서 현명한 군주라면 어떠한 상황에 처하든지 시민들이 자신과 국가를 필요로 하게 만들 방법을 생각해두어야 합니다. 그래야만 시민들이 언제나 군주에게 충성할 것입니다.

10장   군주국의 힘은 어떻게 측정해야 하는가

이러한 군주국들의 성격을 분석할 때 염두에 두어야 할 점이 또 하나 있습니다. 군주가 필요시 자력으로 통치할 수 있을 만큼 강력한 권력을 지니고 있는가, 아니면 항상 다른 사람의 도움을 받아야 하는가의 문제입니다. 이 문제를 좀 더 분명히 밝히기 위해 말씀드리자면, 가용할 인력과 자금이 넉넉하여 누가 공격해오든 들판에서 전투를 수행할 능력이 충분히 강한 군대를 거느린 군주라면 자기 힘으로 통치할 수 있습니다. 반면 들판에서 적에 맞설 능력이 없고 성벽 뒤로 피해서 방어해야 하는 군주라면 항상 다른 사람의 도움이 필요한 인물이라고 판단됩니다.

첫 번째 경우는 이미 논의했고[1], 장차 필요할 때 더 말씀드리겠습니다. 두 번째 경우의 군주라면 도시를 요새로 만들고 방어 태세를 갖추되 시골 지역은 고려하지 말라고 권유하는 것 외에 달리 드릴 말씀이 없습니다.[2] 앞서 말씀드렸고 앞으로도 말씀드리겠지만,

---

1   6장 참조.

자기 도시를 훌륭한 요새로 만들고 신민들과 더불어 통치를 잘해 나간다면 적은 공격을 한참이나 망설일 것입니다. 사람이란 어려움이 예견되는 일은 꺼리기 마련입니다. 강력한 도시를 구축하고 민중에게 미움받지 않는 군주를 공격하는 일은 결코 만만하지 않습니다.

독일의 도시들은 대단한 자유를 누리고 있고, 도시를 벗어난 곳에는 영토도 거의 없으며, 황제에게도 원할 때만 복종합니다.[3] 도시를 훌륭한 요새로 구축해놓은 터라 도시 공략이 대단히 어렵고 지루할 거라고 생각하여 황제도, 주변의 어떤 세력도 두려워하지 않습니다. 모든 도시에 든든한 성벽과 해자가 있고 충분한 규모의 대포를 갖췄으며 공공 저장고에는 1년을 버티기에 충분한 식량, 식수, 연료가 항상 비축되어 있습니다. 그뿐만 아니라 공적 비용을 지출하지 않고도 민중 전체가 먹고살 수 있도록 도시와 산업의 중추이자 생명을 이루는 직군에서 1년 동안 일자리도 제공합니다. 또한 군사 훈련에서도 명성이 높으며 이를 유지하기 위해 많은 제도를 갖추고 있습니다.

잘 정비된 도시를 갖추고 미움을 받지 않는 군주는 쉽게 공격받지 않습니다. 그래도 공격하는 사람은 누구든 수치스러운 퇴각을

---

2 "도시"는 성벽으로 둘러싸인 지역을, "시골"은 성벽 밖 지역을 가리킨다. "시골"은 도시 공동체의 법적, 실질적 지배 아래에 있는 광역권을 뜻한다.

3 마키아벨리는 1507년 12월부터 1508년 6월까지 피렌체 공화국 외교 사절로 막시밀리안 1세 신성 로마 제국 황제를 방문했을 때 독일의 사례를 수집하고 정리한 듯하다.

독일의 뉘른베르크 성벽(하르트만 셰델, 《뉘른베르크 연대기》(1493) 속 삽화)
이 그림은 독일 도시의 구조와 방어 체제를 시각적으로 잘 보여준다. 두 개의 견고한 성벽으로
구성되었고, 외부 성벽은 여러 탑과 포대를 갖췄다. 성벽은 뉘른베르크가 정치와 경제 중심지로
성장하는 데 기여했을 뿐 아니라 도시 번영의 상징이었다.

감수해야 합니다. 무슨 일이 일어날지 모르는 변화무쌍한 세상에서 군대가 1년 내내 도시를 포위하고 한가롭게 방치되는 일은 사실상 있을 수 없습니다. 〔누군가는〕만일 도시 밖에 재산을 소유한 민중이 자기 재산이 파괴당하는 현장을 보면 인내심을 잃을 테고, 게다가 포위가 오래 지속되면 이기심이 발동해서 군주의 존재를 잊어버리지 않겠냐고 반박할지도 모르겠습니다. 여기에 대해 저는 이렇게 답하겠습니다. 강하고 용기 있는 군주라면 때로는 신민들에게 고난이 오래 이어지지 않을 거라는 희망을 주고, 때로는 적의 잔혹성에 대한 경각심을 일깨우며, 때로는 자신에게 지나치게 도전하는 듯 보이는 자들에 맞서 교묘하게 자신의 안전을 지켜나가면서, 그 모든 어려움을 극복할 수 있다고 말입니다.

덧붙여 말씀드리면, 적군은 당연히 도착하자마자 외곽 지역을 불태우고 파괴할 텐데, 그때는 사람들의 마음이 아직 뜨겁고 나라를 지키겠다는 결의도 강합니다. 군주는 크게 걱정하지 않아도 됩니다. 며칠 지나서 사람들의 마음이 가라앉을 때면, 이미 손해는 봤고 고통도 받을 만큼 받았으며 어차피 이제 대책도 없기 때문입니다. 사람들은 군주를 지키기 위해 자기 집이 불타고 재산이 파괴되었으니, 이제 군주가 자기들에게 뭔가 빚을 지고 있다고 생각하여 군주와 더욱 똘똘 뭉치게 됩니다. 자신이 받는 혜택은 물론이고 베푸는 혜택으로도 유대를 강화하는 것이 인간의 본성입니다. 이 모든 것을 조심스럽게 고려해볼 때, 신중한 군주라면 포위 공격을 당하여 삶을 유지하고 방어할 수단이 사라지지 않는 한, 시민들의 사기가 떨어지지 않게 유지하는 일은 어렵지 않습니다.

11장 교회 군주국에 대하여

이제 교회 군주국을 논의하는 일만 남았습니다.[1] 교회 군주국의 어려움은 모두 군주가 군주국을 획득하기 전에 발생합니다. 교회 군주국은 역량이나 운으로 획득되지만 그 두 가지가 없어도 유지되기 때문입니다. 교회 군주국은 군주가 어떻게 행동하고 어떻게 살아도 권력을 유지할 수 있을 만큼 대단히 강력하고 확실하게 정착된 종교 제도가 지탱합니다. 군주는 국가를 갖고 있지만 방어할 필요가 없고 신민을 통치하기 위해 애쓸 필요도 없습니다. 국가는 방어하지 않아도 빼앗기지 않으며 신민은 군주가 통치하지 않아도 신경 쓰지 않습니다. 신민은 군주에게서 벗어날 생각도 하지 않고, 그럴 수도 없습니다. 이러한 군주국이야말로 안전하고 행복합니다. 그러나 교회 군주국은 인간의 정신이 도달하지 못하는 우월한 사유가 지배하므로, 여기서 논의하지는 않겠습니다. 이런 나라는 하

---

[1] 마키아벨리는 지금 1장에서 제시한 국가의 유형과 국가 획득의 방법에 관한 논의를 끝마치고 있는 중이다.

느님이 세우고 유지하는 곳이므로 오만하고 경박한 사람이나 따져 보고 분석하기 때문입니다.

그렇다 하더라도 교회의 세속적 권력이 어떻게 그렇게 막강해졌는지 누군가가 저에게 물어볼 수 있습니다. 교황 알렉산데르 즉위 이전에는 이탈리아의 강한 세력들[2], 단지 강한 세력이라 불리는 자들뿐만 아니라 세력이 미약한 일개 귀족과 영주까지도 교회의 세속 권력을 대수롭지 않게 생각했습니다. 그러나 이제는 프랑스 왕이 두려워할 만큼 교회의 세속 권력이 강해졌고, 이탈리아에서 프랑스 왕을 몰아내고 베네치아를 파멸시킬 수 있게 되었습니다. 교회가 이렇게 강력해진 이유나 과정을 제게 묻는다면, 지금은 잘 알려져 있지만 다시 기억을 되새겨보는 것도 크게 쓸모없는 일은 아닌 듯합니다.

프랑스의 샤를 왕이 침공하기[3] 전 이탈리아는 교황, 베네치아인, 나폴리 왕, 밀라노 공작, 피렌체인의 지배를 받고 있었습니다. 이 강력한 세력들은 외세가 무력으로 이탈리아를 침입해서는 안 된다는 것과 자기들 가운데 어느 누구도 영토를 더 많이 가져서는 안 된다는 두 가지 사안에만 관심을 쏟았습니다.[4] 〔이와 관련하여

---

2 밀라노 공국, 베네치아 공화국, 피렌체 공화국, 나폴리 왕국을 가리킨다.

3 1494년 샤를 8세는 나폴리 왕국의 왕위 계승권을 내세워 이탈리아를 침공했다. 이때 베네치아 영토를 지배하려던 밀라노 공작 루도비코 스포르차의 도움을 받았다. 샤를 8세의 군대는 남하하는 동안 거의 저항을 받지 않았고, 1495년 5월에 나폴리를 수중에 넣었다. 그러나 밀라노를 위시한 이탈리아 동맹의 뒤이은 공격으로 북쪽으로 후퇴해야 했다.

4 샤를 8세가 이탈리아를 침공하기 전에, 더 정확히 말해 1492년 로렌초 일 마니피

그들 사이에서] 가장 큰 우려의 대상이 된 세력은 교황과 베네치아
인이었습니다. 베네치아를 묶어두려면 페라라를 방어할 때처럼 다
른 모든 국가와 동맹이 필요했습니다.[5] 또 교황을 주저앉히기 위
해서는 로마의 귀족들을 이용했습니다. 로마 귀족들은 오르시니
가문과 콜론나 가문으로 나뉘어 있었고, 둘 사이에는 언제라도 분
쟁이 일어날 여지가 있었습니다. 그들은 교황이 빤히 보는 앞에서
도 무기를 손에 들고 있을 정도로 교황의 자리를 약하고 무기력하
게 만들었습니다.

간혹 식스투스[6]처럼 기백이 있는 교황이 등장했지만 개인의 운
이나 지혜[7]만으로는 그토록 곤혹스러운 상황에서 벗어날 수 없었
습니다. 교황의 짧은 임기가 원인이었는데 평균 재임 기간 10년 동

코가 사망하기 전까지 이탈리아의 도시 국가들은 서로 타협하며 세력 균형을 유지
하면서 외세를 막아내고 있었다. 마키아벨리는 이것이 로렌초의 탁월한 통치력과
외교술 덕분이었다고 생각했다.

5   1482년 소금 생산과 거래를 둘러싸고 베네치아와 페라라가 전쟁을 벌였을 때 페
라라는 밀라노의 루도비코 스포르차, 나폴리의 페르디난도 1세, 피렌체의 로렌초
일 마니피코, 교황 식스투스 4세의 지원을 받았다.

6   교황 식스투스 4세(재위 1471~1484)를 가리킨다. 그는 1464년 프란체스코 수도
회 총장이 되었으며, 프란체스코 교단이 표방하는 성직자의 임무에 부응하여 설교
를 중시했고 실제로 굉장히 유능한 설교자였다. 같은 맥락에서, 교황으로 선출되
자 즉각 포교를 위한 십자군 원정을 추진했다. 그는 인문주의 학문과 르네상스 예
술을 강력하게 후원했다. 나중에 그의 이름을 따서 세운 시스티나성당에 미켈란젤
로는 교황 율리우스 2세의 요청을 받아 〈천지창조〉와 〈최후의 심판〉을 그렸다. 그
러나 이런 업적 뒤에는 무거운 세금과 은밀한 성직 매매가 숨어 있었다.

7   역량 대신에 지혜 il sapere를 거론한다. 지혜 역시 역량처럼 운에 대비되는, 또는 운
을 보완하는 역할과 기능을 한다.

안 어느 한 파벌을 제거하기란 대체로 매우 어려운 일이었습니다. 예를 들어 어느 교황이 콜론나파를 거의 제거한다 해도 오르시니 파에 적대적인 다른 교황이 즉위하면 콜론나파가 다시 일어날 테고, 그 교황도 오르시니파를 제거할 여유를 확보하지는 못합니다. 그런 이유로 이탈리아에서 교황의 세속 권력은 그다지 높은 평가를 받지 못했습니다.

그런데 알렉산데르 6세가 나타났습니다. 그는 돈과 무력으로 얼마나 많은 일을 할 수 있는지를 어떤 전임 교황보다도 잘 보여주었습니다. 발렌티노 공작을 도구로 이용하고 프랑스의 침입을 빌미로 삼아 공작이 벌인 활동 일체를 기획했습니다. 앞에서 설명해드렸습니다.[8] 원래는 교황청이 아니라 공작에게 힘을 실어주고자 했지만, 그 의도가 무색하게도 결국 교회를 강력하게 만들었습니다. 알렉산데르 6세가 죽고 공작까지 세상을 떠나자 알렉산데르 6세가 애쓴 노력의 과실을 교황청이 따 먹었습니다.

이후 율리우스 교황이 등장했습니다.[9] 그는 이미 강력한 힘을 지닌 교회가 로마냐 전체를 장악하고 로마의 귀족들을 무력하게 만들었으며, 특히 (전임자였던) 알렉산데르 교황이 귀족 당파들에 타격을 입혀 아예 절멸시켜버렸다는 사실을 알고 있었습니다. 율리우스 교황은 활짝 열린 축재의 길도 포착했습니다. (알렉산데르)

---

8 7장 참조.

9 율리우스 2세(재위 1503~1513)를 가리킨다. 마키아벨리는 교황의 주된 업적에 관심을 집중했기 때문에 알렉산데르 6세의 뒤를 이어 교황에 즉위했으나 한 달도 안 되어 세상을 떠난 피우스 3세에 대해서는 언급하지 않고 있다.

이전 교황들은 전혀 몰랐던 길이었습니다.[10] 율리우스는 이런 정책을 그대로 고수했을 뿐만 아니라 더욱 강화해나갔습니다. 볼로냐를 장악하고 베네치아를 몰락시키며 프랑스를 이탈리아에서 몰아낼 계획을 세웠습니다. 모든 과업을 성공적으로 수행했고, 무엇보다 개인이 아니라 교회의 권력을 강화하기 위해 이 모든 일을 했기 때문에 칭송을 받았습니다.[11] 또한 당시 오르시니파와 콜론나파가 처해 있던 무기력한 상태도 그대로 지속되도록 손을 썼습니다.

몇몇 지도자가 판을 바꿔보려 해도, 두 가지가 앞길을 가로막았습니다. 하나는 그들을 압도할 만큼 강력한 교회의 권력이었고, 다른 하나는 그들에게 추기경이 없다는 사실이었습니다. 추기경은 파벌 사이에서 야기되는 소란의 진원지였습니다. 추기경이 있는 한 귀족들은 조용히 지낼 리가 없었습니다. 추기경들은 로마 안에서나 밖에서나 파벌을 형성했고 귀족들은 자기들이 속한 파벌을 지지할 수밖에 없었기 때문입니다. 이처럼 고위 성직자들의 야심은 귀족들 사이에서 일어나는 불화와 분쟁의 씨앗이었습니다.

이제 레오 교황 성하[12]께서 매우 강력한 교황의 자리를 받으셨

---

10 많은 사람이 교황 율리우스 2세의 성직 매매를 지적하는데, 알렉산데르 6세 역시 성직 매매에 관여했다고 알려져 있다.

11 이 점에서 율리우스 2세는 당시 다른 교황들과 구별된다.

12 레오 10세(재위 1513~1521)는 로렌초 일 마니피코의 아들로, 속명은 조반니 데 메디치였다. 1494년 피렌체에서 메디치 가문이 몰락하자 망명해 있다가 1500년에 로마로 돌아왔다. 1512년에 메디치 가문이 피렌체에서 재집권하는 과정에서 큰 역할을 했으며 1513년 3월에 교황으로 선출되었다. 그는 이탈리아를 정치적으로 지배하고자 했으나 스페인과 프랑스의 반발에 부딪히곤 했다. 인문주의 학자와 르네

교황 레오 10세와 추기경들(라파엘로 산치오, 1518)
메디치 가문 출신의 교황 레오 10세는 미켈란젤로와 라파엘로 등 르네상스 예술가들을 후원했고,
외교적 동맹을 통해 교황청의 권력을 유지하는 동시에 메디치 가문의 영향력을 재건하려 했다.
그러나 부패와 사치로 종교개혁을 촉발했고 그의 사망 후에 로마 교황청의 권위는 크게 약화되었다.
그림 속 레오 10세 곁의 추기경들은 줄리오 데 메디치(오른쪽)와 루이지 데 로시(왼쪽)다.

습니다. 전임 교황들이 무력으로 자리를 강력하게 만들어놓았다면, 그분께서는 선량함과 헤아릴 수 없는 여러 역량으로 자리를 더없이 위대하고 존경받을 만한 곳으로 만들어주시리라 앙망하옵니다.

상스 예술가들을 적극 후원했다. 마키아벨리는 다른 교황들과 달리 유독 그에게만 존칭을 쓰면서 칭송의 마음을 드러내고 있다.

12장　군대의 종류와 용병에 대하여

지금까지 저는 처음에[1] 말씀드린 각종 군주국의 성격을 상세히 논의했고 무엇 때문에 번영하고 쇠퇴했는지도 어느 정도 고찰했습니다. 많은 사람이 군주국을 획득하고 유지하기 위해 어떤 방법을 활용하는지도 보여드렸습니다. 이제 각 군주국에서 어떤 식의 공격과 방어가 전개될 수 있는지 전반적으로 논의하는 일이 남았습니다.[2]

　군주가 자신만의 확고한 토대를 갖추는 일이 얼마나 필요한지, 그러지 못하면 어김없이 파멸하게 된다고 앞에서 말씀드렸습니다.[3] 새로운 국가[4]든 오래된 국가[5]든 혼합 국가[6]든 모든 국가의 핵심 토대는 좋은 법률과 좋은 군대입니다.[7] 좋은 군대가 없으면 좋

1　1장의 서두.

2　마키아벨리는 1497년부터 1512년까지 15년 동안 피렌체 공화국 정부에서 행정과 외교를 맡았다. 당시 복잡하고 혼란스러운 대내외 관계 속에서 수많은 경험을 쌓는 가운데 용병제의 한계와 자국 시민군의 필요를 절감했고, 국민 개병제를 건의하여 상비군 제도를 도입하는 데 기여했다. 12장부터 14장까지 논의하는 군대와 전쟁, 전술에 대해 마키아벨리는 독립된 책에서 길게 논의했다(《마키아벨리 전술론》(이영남 옮김, 인간사랑, 2017) 참조).

은 법률도 있을 수 없고, 좋은 군대가 있으면 좋은 법률도 갖추기 마련입니다. 따라서 법률에 대한 논의는 뒤로 미루고 먼저 군대에 대해 말씀드리고자 합니다.[8]

군주가 국가를 방어하기 위해 동원하는 무력에는 자신의 군대, 용병, 원군[9], 또는 혼합군[10]이 있습니다. 용병과 원군은 무익하고 위험합니다. 만일 누군가가 용병대에 의존하여 국가를 지키고자 한다면, 결코 안정과 안전을 기대할 수 없습니다. 용병으로 이루어진 군대는 분열되어 있고 야심에 차 있으며 기강이 문란하고 충성하지 않기 때문입니다. 그들은 우군 속에서나 용감할 뿐 적군을 대할 때는 비열하고, 하느님에 대한 두려움도, 인간에 대한 신의도 없습니다. 따라서 적군이 공격을 늦추는 만큼만 국가의 파멸이 지연될 뿐입니다. 그뿐만 아니라 국민은 전시에는 적에게 약탈당하고 평화로운 시기에는 용병에게 약탈당할 것입니다. 이유는 이러합니

3 7장 참조.

4 새로운 권력자가 들어선 국가를 가리킨다.

5 세습 군주국을 가리킨다(2장 참조).

6 원래의 군주국에 부속 영토를 더한 혼합 군주국을 가리킨다(3장 및 20장 참조).

7 좋은 법률과 좋은 군대는 마키아벨리가 좋은 국가의 토대로 꼽는 두 가지 기본 요소다. 여기서 "법률"은 법과 관습, 또는 불문법을 포괄하는 넓은 의미로 이해해야 한다. 정치와 사회의 안정을 가져오는 광의의 법과 제도, 때로는 정의나 분별을 가리킨다. "좋은 군대"는 용병제를 완전히 대체하는 자국 시민군을 뜻한다.

8 법률에 대한 논의를 따로 하지는 않는다. 다만 법률의 제정과 시행이 군대의 적절한 운용은 물론이고 공동체의 공익을 보장하기 위해 필요하다는 생각을 《군주론》 곳곳에서 피력한다.

9 외국에서 지원을 위해 보내온 군대를 가리킨다.

10 군주의 군대, 용병대, 외국의 원군이 혼합된 형태를 가리킨다.

다. 약간의 급여 외에는 그들이 전장에 얽매일 애정이나 다른 이유가 전혀 없는 데다가, 그 급여가 당신(군주)을 위해 목숨을 걸 만큼 충분하지도 않습니다. 전쟁을 하지 않는 동안에는 기꺼이 당신의 군인이 되고자 하겠지만 막상 전쟁이 일어나면 도망치거나 사라져 버릴 것입니다.

 이 점을 밝히기 위해 멀리 갈 필요도 없습니다. 이탈리아가 지금처럼 파멸한 이유는 오랫동안 용병에게 의존한 사실 말고는 딱히 없습니다. 물론 용병에 따라서 어떤 용병은 더 나은 면모를 보여주기도 했고, 어떤 용병은 언뜻 용감한 듯 보이기도 했지만, 막상 외부의 군대가 침입했을 때는 실체를 드러내고야 말았습니다. 그러다 보니 프랑스의 샤를 왕이 분필 하나로 이탈리아를 점령한 것은 당연지사였습니다.[11] 우리가 지은 죄가 있어서 그렇다고 말한 사람은 진실을 밝힌 셈입니다.[12] 그러나 문제는 그가 생각한 죄가 아니라 제가 적시한 죄 때문이었습니다. 군주들은 자신들이 저지른 죄에 걸맞은 응분의 벌을 받았습니다.[13]

---

11 샤를 8세가 1494년 이탈리아를 침공했을 때 거의 저항을 받지 않았고, 분필로 병사들이 사영宿營할 집을 표시하는 것만으로 충분했다고 한다. 당시 프랑스 정치가이며 역사가였던 필리프 드 코민(1447?~1511)은 1498년에 쓴《회고록》에서 교황 알렉산데르 6세가 한 말이라고 증언했다.

12 사보나롤라는 1494년 11월 1일 샤를 8세 앞에서 행한 설교에서 이탈리아인들이 저지른 간음과 고리대금 등 여러 죄를 벌하기 위해 외국 군대가 침공할 거라고 예언했다.

13 이탈리아가 외국의 침공에 허술하게 무너진 이유는 사보나롤라가 이탈리아인들이 저질렀다고 생각하는 죄 때문이 아니라 마키아벨리가 지금 말하고 있는 죄, 즉 용병에 지나치게 의존한 잘못 때문이라는 뜻이다. 마키아벨리는 용병에 의존한 루

이러한 용병대의 폐해를 더 자세히 알려드리고자 합니다. 용병 대장은 탁월한 인물일 수도 있고 아닐 수도 있습니다. 탁월한 인물이라면 그를 믿어서는 안 됩니다. 고용주인 당신을 억압하거나 당신의 의도를 벗어나 다른 자들을 억압함으로써 언제나 자신만의 권력을 탐하기 때문입니다. 반면 평범한 인물이라면 당신은 당연히 몰락할 것입니다. 용병이든 아니든 무력을 손에 넣으면 누구나 그렇게[14] 행동하지 않겠느냐고 반박한다면, 무력은 군주 아니면 공화국이 운용해야 한다고 대답하겠습니다. 군주는 밖으로 나가서 몸소 장군의 직무를 수행해야 합니다. 공화국은 시민들을 보내야 하는데 만일 공화국이 파견한 자가 유능하지 않다고 판명되면 교체해야 하고, 유능하다면 법률로 강제하여 선을 넘지 않게 해야 합니다. 무장한 군주와 공화국만이 크게 발전할 수 있고, 용병은 오로지 피해만 줄 뿐이라는 사실은 경험으로 알 수 있습니다. 또 시민 한 명이 권력을 탈취하는 일은 외국군보다 자국군으로 무장한 공화국에서 더 어려운 법입니다.

로마와 스파르타는 수 세기 동안 무력을 갖추고 자유를 누렸습니다. 최고의 군대를 보유한 스위스는 최고의 자유를 구가합니다.[15] 고대 용병대의 예로 카르타고가 있습니다. 로마와 맞섰던 첫 번째 전쟁이 끝난 뒤 카르타고인들은 지휘관이 자국 시민이었는

도비코 스포르차, 피에로 데 메디치, 아라곤 왕 페데리코 1세를 염두에 둔 것 같다.
14 자신의 권력을 탐하는 것을 뜻한다.
15 마키아벨리는 스위스가 군대의 이상적 모델을 보여준다고 평가했다. 그러나 당시 스위스는 유럽의 거의 모든 군주에게 용병을 제공했다.

데도 용병 군인들에게 억압받는 지경에 이르렀습니다.[16] 테베인들은 에파미논다스가 죽고 나서 마케도니아의 필리포스를 장군으로 추대했지만, 막상 전쟁에서 승리를 거두자 그는 테베인들의 자유를 빼앗았습니다.[17] 밀라노인들은 필리포 공작이 사망하자 베네치아에 대항하기 위해 프란체스코 스포르차를 고용했습니다. 그러나 프란체스코 스포르차는 카라바조에서 베네치아를 격파한 뒤에 돌연 그들과 결탁하여 도리어 주인인 밀라노인들을 공격했습니다.[18] 그의 아버지 스포르차[19]도 자신을 고용한 나폴리의 조반나 여왕을 느닷없이 무방비 상태로 버려두었습니다. 여왕은 왕국을 지키기

---

16 "전쟁"은 제1차 포에니 전쟁(기원전 264~241)을 말한다. 포에니 전쟁이 끝난 뒤에 시칠리아에 주둔하던 카르타고 군대는 본국으로 귀환했다. 그런데 급여를 제대로 지급받지 못한 용병들이 반란을 일으켰고, 내전으로 확대되어 카르타고는 로마와 전쟁을 벌였을 때보다 더 심각한 위험과 어려움을 겪어야 했다.

17 에파미논다스(기원전 418?~362)는 테베의 장군이자 정치가였다. 특히 스파르타의 침략 저지에 혁혁한 공을 세웠다. 그가 죽으면서 테베도 패권을 잃었다. 그 과정에서 테베인들이 저지른 과오는 외부인인 마케도니아의 왕 필리포스 2세를 군대 지도자로 삼은 것이었다. 알렉산드로스 대왕의 아버지 필리포스 2세(재위 기원전 359~336)는 기원전 353년 테베가 포키스인들과 전쟁을 치를 때 사령관으로 군대를 지휘했는데, 나중에는 기원전 338년 테베를 정복하고 과두 정부를 수립했다. 엄밀히 말해 필리포스 2세가 용병대장은 아니었지만, 마키아벨리는 용병제의 폐해를 거론하기에 충분한 경우라고 생각한 듯하다.

18 밀라노가 베네치아와 벌인 카라바조 전투는 밀라노의 필리포 마리아 비스콘티가 죽은 지 1년 뒤인 1448년 9월 15일에 일어났다(《피렌체사》 6권 18~22장 참조). 전투를 승리로 이끈 용병대장 프란체스코 스포르차는 오히려 베네치아와 결탁하는 등, 수단과 방법을 가리지 않은 끝에 1450년 밀라노의 군주 자리에 올랐다(1장과 7장 참조).

19 프란체스코 스포르차의 아버지 무치오 아텐돌로 스포르차(1369~1424)를 가리킨다. 무치오 스포르차도 널리 알려진 용병대장이었다.

위해 아라곤 왕의 품에 몸을 던질 수밖에 없었습니다.[20]

과거 베네치아인과 피렌체인은 용병을 고용해서 영토를 확장했지만, 용병대장들은 기회를 틈타 군주가 되려고 시도하기는커녕 고용주들을 보호해주었습니다. 저는 피렌체인들이 어쩌다 운이 좋았을 뿐이라고 말하겠습니다. 고용주들이 두려워할 만큼 역량 있는 용병대장이라도 누구는 승리하지 못했고 누구는 저항에 부딪혔으며 누구는 야망을 다른 곳으로 돌렸기 때문입니다. 승리를 거두지 못한 용병대장으로는 조반니 아쿠토[21]가 있습니다. 승리를 거두지 못했기 때문에 충성심을 확인할 수는 없지만, 만일 승리했다면 그가 피렌체를 장악했을 거라고 모두가 인정합니다. 스포르차[22]는 언제나 브라초 사람들[23]과 대립하여 서로 경계했습니다. 프란체

---

20 나폴리 여왕 조반나 2세(재위 1414~1435)의 용병대장이었던 무치오 스포르차는 1420년에 반란을 일으켜 스스로를 나폴리 왕이라 칭하던 루이 3세(1403~1434) 아래로 들어갔다. 이에 조반나 2세는 아라곤 왕 알폰소 5세(1396~1458)에게 몸을 의탁할 수밖에 없었다. 알폰소 5세는 1442년부터 1458년까지 나폴리를 지배했다.

21 잉글랜드인 용병대장 존 호크우드(1320?~1394)의 이탈리아식 이름이다. 그는 잔 갈레아초 비스콘티와 전쟁을 벌이던 1390~1392년에 피렌체의 용병대장이었다. 은퇴할 때까지 18년 동안 피렌체를 위해 성실하게 복무했다고 한다. 피렌체인들은 그의 초상화와 무덤을 피렌체의 두오모, 산타마리아델피오레성당에 안치했다.

22 앞서 언급한 무치오 스포르차와 프란체스코 스포르차를 모두 가리킨다.

23 브라초파의 우두머리는 안드레아 포르테브라초(1368~1424)였다. '포르테브라초' 는 '강한 팔'이라는 뜻인데, '산양의 팔'을 뜻하는 '브라초 다 몬토네'로 불렸다. "브라초 사람들"은 그를 따르는 용병들과 함께 그의 뒤를 이어받은 용병대장 니콜로 피치니노(1386~1444) 및 그 부하들을 함께 가리킨다. 조반나 2세 여왕은 무치오 스포르차에게 배반당했을 때 포르테브라초를 루이 3세 치하의 나폴리에 대항할 용병대장으로 삼았다. 포르테브라초는 교황령에서 벗어나려는 페루자에 고용되어 싸웠으나 교황에게 고용된 스포르차 부자에게 패해 살해당했다. 스포르차 부자

프란체스코 스포르차(보니파시오 벰보, 1460년경)
밀라노 공국을 세운 프란체스코 스포르차는 군사적 재능과 정치적 수완으로 유명한 인물이었다.
용병대장으로 이탈리아 여러 도시에서 복무하면서 자신의 군대를 조직했고,
밀라노 공작으로 즉위하면서 스포르차 가문의 통치를 시작했다.

스코는 야심을 채우려고 롬바르디아로 향했고, 브라초는 교황령과 나폴리 왕국에 맞서 항거했습니다.

얼마 전에 일어난 사건을 살펴보겠습니다. 피렌체인들이 대장으로 고용한 파올로 비텔리는 매우 신중한 사람으로 보통 사람의 신분에서 출발해 무척 큰 명성을 얻었습니다. 만일 그가 피사를 점령했더라면 피렌체인들이 계속 그와 함께했을 거라는 점은 아무도 부인할 수 없습니다. 그가 적에게 고용된다면 피렌체인들은 그를 막아낼 대책이 없었을 테고, 그를 마냥 붙잡고만 있다면 그에게 복종할 수밖에 없었기 때문입니다.[24]

베네치아는 전쟁을 치르는 동안 무척 신중하고 명예롭게 움직였기 때문에 발전할 수 있었습니다. 당시 귀족과 무장한 민중은 최고의 역량을 발휘하여 싸웠지만, 이는 그저 이탈리아 본토에서 전쟁을 벌이기 이전의 일에 불과했습니다.[25] 막상 본토에서 전투를 시작하자마자 그들은 최상의 기량을 팽개치고 이탈리아의 오래된 전쟁 관습[26]을 따랐습니다. 그들이 내륙으로 영토를 확장하기 시작

와 맺었던 적대적인 관계는 그 부하들에게까지 이어졌다.

24 피렌체는 1498년 파올로 비텔리를 고용하여 피사와 전쟁을 벌였다. 그러나 피사에 승리를 거두지 못한 상태에서 피렌체는 그를 제거할 수밖에 없었다(8장 주 8 참조).

25 베네치아는 5세기 이래 공화제를 유지하면서 해상 무역과 전쟁을 통해 강력한 국제 패권을 구축했다. 마키아벨리는 15세기 들어 베네치아가 이탈리아 내륙에서 전쟁을 벌이면서 과거와 다른 방식, 즉 용병제를 채택함으로써 겪기 시작한 곤란을 설명하고 있다.

26 용병을 고용하는 것.

했을 때만 해도 아직 점령한 영토가 많지 않았고, 커다란 명성을 누리고 있었기 때문에 용병대장들을 두려워할 이유가 전혀 없었습니다. 그러나 카르마뇰라 백작[27]의 지휘 아래 세력 확장을 거듭하는 과정에서 그들이 저지른 실수가 명백히 드러났습니다. 그가 통솔하여 밀라노 공작을 격파했으므로 그의 역량이 얼마나 대단한지 알게 되었지만, 그렇다고 전쟁에 미온적 태도를 보이는 그를 계속 고용해서는 승리를 거둘 수 없다고 판단했습니다. 그를 원하지 않았지만 그렇다고 해고할 수도 없었습니다. 그렇게 했다가는 잡은 물고기를 놓칠 판이었습니다. 그래서 자신들을 지키기 위해 그를 죽여야만 했습니다. 그런 다음 바르톨로메오 다 베르가모[28], 로베르토 다 산세베리노[29], 피틸리아노 백작[30], 이런 사람들을 대장으로 임명하고 보니 베네치아인들은 무엇을 얻을까가 아니라 무엇을 잃을까를 두려워해야 했습니다.[31] 이런 우려는 나중에 바일라에

---

27 용병대장 프란체스코 부소네(1380~1432)를 가리킨다. 그는 토리노 인근의 카르마뇰라 백작이었다. 밀라노 비스콘티 가문에 고용되었다가 1425년부터 베네치아를 위해 일했다. 1427년 10월 11일 마클로디오 전투에서 밀라노에 대승을 거뒀으나, 나중에 베네치아의 의심을 사고 소환되어 1432년 5월 5일 처형되었다.

28 바르톨로메오 콜레오니(1395?~1475)는 베르가모 출신의 용병대장이었다. 1431년부터 베네치아에 고용되었는데, 카라바조 전투(1448)에서 프란체스코 스포르차가 지휘하는 밀라노에 대패했다.

29 산세베리노 출신의 로베르토(1418~1487)는 베네치아가 페라라와 벌인 전쟁(1482~1484) 당시의 용병대장이었다.

30 피틸리아노의 백작이었던 니콜로 오르시니(1442~1510)는 바일라 전투(1509년 5월 14일) 당시 용병대장이었다. 베네치아는 이때 프랑스에 대패하여 내륙의 영토를 잃었다.

31 베네치아인들은 새로 고용한 용병대장들이 베네치아에 새로운 영토를 가져다주

서 현실이 되었습니다. 무려 800년에 걸쳐 아주 힘들게 얻은 지역을 하루아침에 다 잃고 말았습니다.[32] 용병을 써서 얻는 이익은 느리고 더디며 미약하지만 손실은 한순간에 경악할 만한 결과를 가져오기 마련입니다.

오랫동안 용병의 지배를 받았던 이탈리아의 사례를 말씀드렸는데, 이제 용병의 기원과 발전 과정을 검토하여 〔용병의 문제를〕 개선할 수 있도록 수준 높은 차원에서 논의하고자 합니다. 최근 들어 제국[33]이 이탈리아에서 밀려나기 시작하자마자 교황은 세속에서 더 높은 명성을 얻은 반면, 이탈리아는 여러 국가로 갈래갈래 분열되었다는 사실을 알아야 합니다.[34] 이전에 황제[35]의 지지를 등에 업고 자신들을 억압했던 귀족들에 맞서 수많은 대도시가 무기를 들고 일어났고, 교회는 세속 권력을 확대하기 위해 그런 반란을 조장했으며, 마침내 여러 도시에서 동시에 시민이 군주의 지위에 올랐습니다. 이탈리아 영토 대부분은 교회와 몇몇 공화국의 손에 들어갔고, 군대에 대해 잘 알지 못했던 성직자와 시민들은 외부인을

기를 기대하는 대신 이미 가진 영토를 잃는 사태까지 걱정해야 했다는 뜻이다.

32 마키아벨리가 다소 과장하고 있긴 하지만, 1509년 5월 14일 바일라에서 딱 하루 벌어진 전투에서 베네치아가 프랑스에 결정적인 패배를 당한 것은 분명한 사실이다.

33 신성 로마 제국을 가리킨다.

34 마키아벨리는 이탈리아의 분열과 불화의 원인을 이탈리아에 대한 신성 로마 제국 황제의 무관심과 교황청의 부당한 개입으로 본 단테의 정치적 입장에 동의하는 것으로 보인다. 《신곡》(박상진 옮김, 민음사, 2007)에서 신성 로마 제국은 "그리스도께서 로마인으로 계시는 저 로마"(〈연옥〉 32곡 101행)가 천국을 가리키듯, 고대 로마와 교황청을 결합하는 현실과 이상 차원의 모범적인 국가 체제로 나타난다.

35 신성 로마 제국 황제를 가리킨다.

고용하기 시작했습니다.

〔외부인을 고용한〕 군대는 로마냐 출신의 알베리코 디 쿠니오[36] 덕분에 처음으로 이름을 날리게 되었습니다. 당대 이탈리아의 패권을 거머쥔 브라초와 스포르차가 그의 휘하에서 훈련받았습니다. 이후로도 다른 인물들이 나타나 우리 시대에 이르기까지 용병 군대를 지배해왔습니다. 그들이 역량을 발휘한 결과, 이탈리아는 샤를의 침략을 받았고, 루이에게 약탈당했으며, 페란도에게 유린당하고[37], 스위스인들에게 수모를 당했습니다.[38]

용병대장들은 자신들의 명성을 지키려고 무엇보다 보병의 명예를 실추시키는 제도를 채택했습니다.[39] 그들에게는 조국이 없습니다. 그저 고용되어야 먹고사는 사람들이었습니다. 소수의 보병은 명성을 안겨주지 못하고, 그렇다고 많은 수의 보병을 두면 먹여 살릴 수 없었습니다. 그래서 보병을 기병으로 전환하고, 감당할 수 있는 병력만 유지하여 공명을 떨치고 싶어 했습니다. 그 결과 2만 명 규모의 군대에서 보병이 2,000명 이하로 줄어드는 지경에 이르렀습니다. 게다가 온갖 수단을 동원하여 자신들과 병사들이 괴롭거

---

36 로마냐의 바르비아노 출신인 알베리코 쿠니오(1349~1409)는 '산조르조 부대'를 만들어 활약했는데, 무치오 스포르차와 브라초 다 몬토네 같은 용병대장들을 배출했다.

37 차례대로 샤를 8세, 루이 12세, '가톨릭 왕' 페르난도 2세를 가리킨다.

38 루도비코 스포르차가 고용한 스위스 용병은 1500년 루이 12세가 점령한 밀라노를 탈환하기 위한 전투를 개시했다. 그러나 루이 12세가 더 큰 돈을 제안하자 스포르차를 배신했다.

39 마키아벨리는 보병이 군대의 핵심이라 생각했다(《로마사 논고》 2권 18장 참조).

나 위험한 일은 아예 하지 않으려 애썼습니다. 전투에서는 적을 죽이지 않고 포로로 생포했는데, 그렇다고 몸값을 요구하지도 않았습니다. 밤에는 도시를 공격하지 않았고 도시를 지키는 용병들은 야영지를 공격하지도 않았습니다. 진지 주변에 방책을 치거나 해자를 파지도 않았고 겨울에는 야영을 전혀 하지 않았습니다. 앞서 말씀드렸듯이, 군대는 고통스럽고 위험한 상황을 피하기 위해 갖가지 술수를 개발하고 일종의 규율로 정하여 허용했습니다. 그들 때문에 이탈리아는 결국 노예 상태로 내몰리는 수모를 겪게 되었습니다.

13장 　원군, 혼합군, 자국군에 대하여

원군이란 외부의 강한 자에게 도움을 요청했을 때 당신을 돕고 지켜주기 위해 들어온 군대인데, 이 또한 [용병처럼] 도움이 되지 않는 군대라고 할 수 있습니다. 최근 율리우스 교황의 사례를 보면 알수 있습니다. 자신의 용병 부대가 페라라 전투에서 비참하게 절멸하자 원군으로 눈을 돌려 스페인의 페르난도 왕에게 부하와 군대를 이끌고 와서 도와달라고 부탁했습니다.[1] 원군은 유용하고 효과적일 수도 있지만 불러들인 자에게 거의 예외 없이 해를 끼칩니다. 그들이 지면 당신도 패하고, 그들이 이긴다면 당신은 그들의 포로가 되기 때문입니다.

1　교황 율리우스 2세는 볼로냐에 이어 페라라까지 점령하고자 공격했으나 페라라 공작 알폰소 1세와 트리불치오가 이끄는 프랑스 군대를 격파하지 못했다. 그 결과 페라라 공격을 포기하고 볼로냐에서도 물러났으며 볼로냐에는 벤티볼리오 가문이 프랑스의 지원을 받아 복귀하게 되었다. 그러자 율리우스 2세는 프랑스의 세력 확장을 저지하기 위해 1511년 스페인의 페르난도 2세, 베네치아 공화국과 '신성 동맹'을 맺었다.

고대사에 관련 사례가 가득하지만, 그래도 저는 교황 율리우스 2세가 최근에 겪은 일을 그냥 지나치고 싶지 않습니다. 페라라를 얻으려다가 외국인의 손아귀에 들어가고 말았으니, 성급한 결정을 내렸다고 할 수밖에 없습니다. 그러나 제3의 상황[2]을 맞이했을 때는 운이 좋아 그릇된 선택의 대가를 치르지 않아도 됐습니다. 교황의 원군이 라벤나에서 패하자 스위스 군대가 들어와 승자를 몰아내버릴 거라고 누가 상상이나 했겠습니까. 적이 이미 도주했으니 적의 포로가 되지 않았고, 원군이 아닌 다른 군대[3]를 데리고 승리했으니 원군의 포로가 되지도 않았습니다. 군대가 전혀 없었던 피렌체가 1만 명의 프랑스군을 불러들여 피사를 정복하려 했지만, 이후 피렌체는 사상 유례없는 큰 위기에 직면하게 되었습니다.[4] 콘스탄티노플의 황제는 인접 세력들에 맞서기 위해 튀르크 병사 1만 명을 그리스로 불러들였습니다.[5] 그러나 병사들이 전쟁이 끝난 후에도 돌아가려 하지 않았던 탓에 그리스는 이교도에 예속되었습니다.

따라서 승리를 원하지 않는다면 원군을 끌어들이면 됩니다. 용

---

2 예기치 않은 상황이라는 뜻이다.

3 스위스 군대를 가리킨다.

4 1507년 피렌체는 피사를 공격하기 위해 루이 12세의 지원을 받았다. 그러나 봉기가 계속되었고 사령관은 무능했으며 병사들도 제대로 훈련받지 못한 상태여서 싸워보지도 못했다. 이에 피렌체는 루이 12세에게 비용을 지불하지 않았고 여러 복잡한 분규와 재난이 이어졌다. 당시 피렌체군을 관장하기 위해 설치된 '9인 군사위원회'의 서기였던 마키아벨리는 이 일에 대해 잘 알고 있었을 것이다.

5 1341년 비잔틴 제국의 황제 요안니스 6세 칸타쿠지노스(1292~1383)의 추종자들과 요안니스 5세 팔레올로고스(1332~1391)의 추종자들 사이에 일어난 내전을 가리킨다.

병보다 훨씬 더 위험한 원군과 함께하면 파멸은 불 보듯 뻔합니다. 원군은 일사불란한 군대이며 반드시 다른 사람에게 복종하게 되어 있습니다.[6] 반면 용병은 승리하더라도 상당한 시간이 지나고 기회를 포착해야만 당신에게 해를 입힐 수 있습니다. 그들은 당신이 돈을 주고 고용했으므로 완전한 한 몸이 되지는 못합니다. 게다가 당신이 용병 장군으로 임명한 제3의 인물은 곧바로 당신을 공격할 정도의 권위를 갖추지도 못합니다. 요컨대 원군에서는 역량이, 용병에서는 나태함이 위험 요소입니다. 그러므로 현명한 군주는 언제나 그런 군대를 피하고 자신의 군대에 눈을 돌렸습니다. 외부의 힘을 빌려 승리하기보다는 자신의 군대와 함께 패하는 길을 택했습니다. 외부의 군대를 이용하여 획득하는 승리는 참된 승리가 아니라고 판단했기 때문입니다.

저는 주저 없이 체사레 보르자의 행동을 예로 들고자 합니다. 보르자 공작은 전원이 프랑스인으로 구성된 원군을 이끌고 로마냐 지방으로 진입하여 이몰라와 포를리를 점령했습니다. 그러나 그 원군에게 위협을 느끼자 이번에는 비교적 덜 위험해 보이는 용병대로 눈을 돌려 오르시니와 비텔리를 고용했습니다. 그런데 그들이 의심스럽고 충성심도 없으며 위험하기까지 하다는 사실을 알아채고는 그들을 제거하고[7] 결국 자신의 군대에 의존했습니다. 이 세 종류의 군대 사이에 어떤 차이가 있는지 쉽게 알 수 있습니다. 프랑스

---

6 원군을 요청한 사람이 아니라 원군을 지휘하는 장군에게 복종한다는 뜻이다.

7 용병대장을 살해하고 용병대를 해산시켰다(7장 참조).

군대를 이용했을 때, 오르시니와 비텔리의 용병에 의존했을 때, 자신의 군대를 키워 군사적으로 자립했을 때, 공작이 누린 명성을 비교해보면 분명합니다. 그는 자신의 군대를 완전하게 장악했을 때에야 비로소 최고라는 평가를 받았습니다.

저는 이탈리아의 최근 사례들을 계속 말씀드리고 싶지만, 시라쿠사의 히에론은 앞서 언급한 적이 있기 때문에 얘기하고 가야겠습니다. 이미 말씀드렸듯이 그는 시라쿠사인들의 추대를 받아 군대의 사령관이 되자마자 용병대가 아무 쓸모가 없다는 사실을 깨달았습니다. 용병대를 이끄는 자들이 우리 이탈리아의 용병대장들과 똑같았기 때문입니다. 히에론은 그들을 계속 이용할 수도 없고 해산할 수도 없어서 모두 살해한 다음 외부 군대가 아닌 자신의 군대를 거느리고 전쟁을 치렀습니다.[8]

이런 주제와 어울리는 구약성서의 인물도 한번 가져와보겠습니다. 다윗이 사울에게 가서 필리스티아인이 내세운 골리앗과 싸우겠다고 했을 때, 사울은 다윗의 기운을 북돋아주기 위해 자기 무기로 무장시키려 했습니다. 무장을 해본 다윗이 남의 무장으로는 자기 자신을 충분히 활용할 수 없으니 그냥 자기의 돌팔매와 칼로 대결하겠다면서 사양했습니다. 한마디로 다른 사람의 무기는 당신의 기운을 떨어뜨리거나 몸을 압박하거나 세게 졸라맬 뿐입니다.[9]

---

8 기원전 275년 시라쿠사의 왕 히에론은 용병을 고용했으나, 용병대를 신임할 수 없다는 판단이 들자 적군의 손에 학살당하도록 내버려두었다(6장 주 9 참조).

9 관련 내용을 전하는 구절은 다음과 같다. "이런 것은 입어본 적이 없습니다. 이래서는 몸을 제대로 움직일 수가 없습니다."(《사무엘상》 17장 39절) 사울이 다윗에

루이 11세의 아버지 샤를 7세는 자신의 운과 역량으로 프랑스를 잉글랜드에서 해방시키고 나서[10] 자국군으로 무장해야 할 필요성을 깨닫고, 왕국 안에 기병과 보병으로 구성된 군제軍制를 도입했습니다. 그런데 아들 루이[11]는 보병 부대를 해체하고 스위스 용병을 고용하기 시작했습니다. 이 어마어마한 실수를 이후 왕들[12]이 차례로 이어받았으니, 프랑스 왕국의 위기는 당연지사였습니다. 그(루이 11세)는 스위스 용병의 명성을 드높여주었지만 막상 자국군의 사기는 저하시켰고, 보병을 해산하고 기병을 다른 나라 군대에 의존했으며, 스위스 용병과 함께 싸우는 형태에 익숙해진 나머지 그들 없이는 승리하지 못한다고 생각했습니다.

그리하여 프랑스 군대는 일부는 용병으로, 일부는 자국민으로 이루어진 혼합군이 되었습니다. 이런 군대는 순수한 원군이나 순수한 용병군보다야 낫지만 순수한 자국군보다는 훨씬 못합니다. 방금 말씀드린 예로 충분하다고 생각합니다. 만일 샤를 왕이 시행

게 놋 투구를 씌우고 갑옷을 입혔으며 칼을 채워주었으나 다윗은 그것들을 벗고 자기 막대기와 자갈 다섯 개를 주머니에 넣은 다음 돌팔매 끈을 갖고 골리앗을 만나러 나갔다. 칼을 들었다는 언급은 없다(《사무엘상》17장 38~40절 참조).

10 샤를 7세는 1337년에 시작된 백년 전쟁을 1452년에 종결지었다. 백년 전쟁 당시 그의 군대는 잉글랜드-부르고뉴 연합군에게 계속 패배했지만, 잔 다르크가 나타나 전세를 역전시켰다. 마키아벨리는 샤를 7세가 프랑스 군대의 기초를 확립한 일을 높이 평가하고 있다. 그러나 샤를 7세가 자국군을 조직한 것은 백년 전쟁이 끝나기 전인 1445년에서 1448년 사이의 일이었다.

11 루이 11세는 1474년부터 프랑스 보병 군대를 해산하고 스위스 용병대를 고용했다.

12 샤를 8세와 루이 12세를 가리킨다. 루이 12세는 1513년 6월 6일 벌어진 노바라 전투에서 스위스군에게, 같은 해 8월 16일 긴가트 전투에서 잉글랜드군에게 패했다.

한 군제가 발전했거나 적어도 그대로 유지만 되었더라도, 프랑스 왕국은 무적의 나라가 되었을 것입니다. 그러나 사람들은 신중하지 못해서 제가 앞에서 폐병에 대해 말씀드린 것처럼[13], 일단 맛만 좋으면 속에 독이 있어도 알아채지 못합니다. 그러므로 군주의 위치에 있으면서도 나쁜 일이 발생한 사실을 인지하지 못하는 사람은 진정으로 현명하다 할 수 없습니다. 그런 능력은 소수에게만 주어지는 법입니다. 로마 제국 몰락의 가장 중요한[14] 원인은 고트족 사람들을 용병으로 고용한 것입니다. 그때부터 로마 제국의 힘이 약해지다가 결국 모든 역량이 고트족으로 넘어갔습니다.[15]

결론을 말씀드리겠습니다. 자국군 없이는 어떤 군주국도 안전하지 못하고, 역경에서 스스로를 수호할 역량이 없기 때문에 완전히 운에만 의존하게 됩니다. 현명한 사람들의 견해와 판단은 언제나 "자신의 힘에 기초하지 않는 권력의 명성이야말로 불안정하고 취약하다"[16]였습니다. 자신의 힘이란 신민, 시민, 또는 당신의 부하들로 구성된 군대입니다. 다른 모든 군대는 용병군 아니면 원군입니다. 앞에서 말씀드린 네 명[17]이 채택한 제도를 각각 검토해보시면,

---

13 3장 참조.
14 원문에는 'prima cagione', 즉 '최초의 원인'으로 표기되어 있으나 최초라기보다는 '가장 중요한'의 뜻을 지닌다.
15 사실상 고트족뿐만 아니라 게르만인 전체를 포함한다.
16 로마의 역사가 타키투스(56~117)의 《연대기》(박광순 옮김, 범우사, 2005) 13장 19절에 나오는 표현에 변화를 주었다. 원문은 이러하다. "인간사에서 자신의 무력에 토대를 두지 않은 권력의 명성만큼 불안정하고 가변적인 것은 없다."
17 체사레 보르자, 히에론, 다윗, 샤를 7세를 가리킨다.

그리고 알렉산드로스 대왕의 아버지 필리포스를 비롯해 여러 공화국과 군주가 어떻게 스스로 무장하고 조직했는지 살펴보시면, 쉽게 아실 수 있습니다. 저는 이런 다양한 제도를 전적으로 신뢰합니다.

14장   군주는 군대와 관련하여
무엇을 해야 하는가

군주는 전쟁과 전술, 훈련 외에 다른 목표를 세우거나 다른 생각을 하거나 다른 일에 관심을 가져서는 안 됩니다. 전쟁의 기술을 익히고 활용하는 것이야말로 지휘하는 사람이 가져야 할 유일한 사명이기 때문입니다. 그것은 군주로 태어난 사람의 지위를 유지하게 해줄 뿐만 아니라 평범한 운명을 타고난 사람을 종종 군주의 지위로 격상시키는 크나큰 역량이 됩니다. 반면 군주가 군대보다 삶의 달콤함에 더 관심을 기울일 때는 국가를 잃었습니다. 우리가 잘 아는 사실입니다. 국가를 잃는 주요 원인은 〔군주가〕 전쟁의 기술을 등한시해서이고, 국가를 획득하는 주요 원인은 〔군주가〕 그 기술의 전문가가 되어서입니다.

프란체스코 스포르차는 무장을 했기 때문에 보통 사람에서 밀라노 공작이 되었지만, 그의 자식들은 군사에 관련된 일이라면 불편하게 여기고 꺼렸기 때문에 공작에서 보통 사람이 되었습니다.[1] 무

---

1   1500년에 권력을 잃고 보통 사람이 된 루도비코 스포르차와 그의 아들 마시밀리

루도비코 스포르차(팔라 스포르체스카, 1494)
성모마리아와 아기 예수, 4명의 성인 발밑에 루도비코 스포르차와 그 가족(부인과 두 아들)이
무릎을 꿇고 있다. 루도비코 스포르차는 프란체스코 스포르차의 차남으로 조카 갈레아초
스포르차를 제거하고 밀라노 공국의 실권을 장악했다. 그러나 외부의 위협과 내부의 반란을 끝내
극복하지 못하고 권력에서 밀려나 추방당했다. 그의 몰락은 이탈리아의 정치적 혼란을 잘 보여준다.

장을 하지 않아 발생하는 나쁜 결과 중에는 경멸을 받게 된다는 점도 있습니다. 나중에 설명해드리겠지만[2], 이는 군주 스스로 경계해야 하는 오명입니다. 무장한 것과 무장하지 않은 것 사이에는 엄청난 차이가 있습니다. 무장한 사람이 무장하지 않은 사람에게 기꺼이 복종하거나, 무장하지 않은 사람이 무장한 부하들 사이에서 안전하리라 기대하는 일은 합리적이지 않습니다. 무장한 자는 상대를 경멸하고 무장하지 않은 자는 상대를 의심하기 때문에 서로 충분히 협력할 수 없습니다. 그러므로 군대를 잘 모르는 군주는 앞서 말씀드린 다른 불행 외에도 병사들에게 존경받지 못하며, 군주도 병사들을 신뢰하지 못합니다.

따라서 군주는 전쟁 대비 훈련을 항상 염두에 두어야만 합니다. 전시보다 평시에 훈련을 더 해야 합니다. 훈련은 행동 훈련과 정신 훈련의 두 방식으로 할 수 있습니다. 행동 훈련에 대해 말씀드리자면, 병사들을 잘 조직하고 훈련시키는 것 외에도 끊임없이 사냥을 나가게 해야 합니다.[3] 사냥을 통해 불편한 상황을 몸에 익히게 하

아노 스포르차(1493~1530)를 가리킨다. 루도비코 스포르차는 1500년에 밀라노의 권력을 상실했고, 마시밀리아노 스포르차는 신성 동맹의 지원을 받아 밀라노의 패권을 되찾았으나 1515년 9월 13일 마리냐노 전투에서 프랑스의 프랑수아 1세에게 패하여 자리에서 물러났다. 마키아벨리는《군주론》을 1513년에 썼다고 알려져 있는데, 언급하는 사건의 시기로 보아 나중에 가필과 수정을 거쳤다고 추정할 수 있다.

2 특히 19장 참조.

3 마키아벨리는 모름지기 군주는 사냥을 통해 자연의 지형지물을 익히는 일이 중요하다고 강조했다(《로마사 논고》3권 39장 참조).

는 한편 자연 지형을 배우게 해야 합니다. 그러면서 병사들은 산이 어떻게 솟아 있는지, 계곡은 어떻게 안으로 들어가 있는지, 평지가 어떻게 펼쳐져 있는지를 인지하고 강과 습지의 특성을 이해하게 됩니다. 군주는 이런 일에 주의를 기울여야 합니다.

그렇게 쌓은 지식은 두 가지 측면에서 유용합니다. 무엇보다 자신의 땅에 대해 잘 알게 되어 방어를 더 잘할 수 있게 됩니다. 지형에 관한 지식과 경험을 쌓아 처음 접하는 지역의 특징도 쉽게 이해할 수 있습니다. 예를 들어 토스카나의 언덕, 계곡, 평야, 강, 늪지는 다른 지방과 많이 유사합니다. 따라서 한 지방의 지형에 대한 지식을 바탕으로 다른 지방의 지형에도 쉽게 익숙해질 수 있습니다. 그러한 노련함이 부족한 군주는 사령관의 주요한 자질을 갖추지 못한 것입니다. 지형 지식을 활용하면 적을 발견하고 숙영지를 확보하며 군대를 이끌고 전투를 조직하고 도시를 공략하는 등 자신에게 유리한 판세를 만들 수 있기 때문입니다.

아카이아인들의 군주 필로포이멘[4]은 저술가들이 칭송하는 군주입니다. 그는 평화 시에도 항상 전쟁을 치르는 방법만 생각했고, 동료들과 함께 전장에 있을 때는 가던 길을 자주 멈추고 이런 상황을 논의하곤 했습니다. "만일 적이 저 언덕 위에 있고 우리 군대는 여기 있다면 누가 더 유리한가? 어떻게 하면 진영을 유지하면서 적을 공격할 수 있는가? 만일 우리가 퇴각해야 한다면 어떻게 해야 하는가? 만일 그들이 후퇴한다면 어떻게 추격해야 하는가?" 또한

---

4 필로포이멘(기원전 253~183)은 고대 그리스 아르카디아 지방의 군주였다.

동료들과 함께 길을 가면서도 군대가 처할 수 있는 온갖 상황을 제시하면서 그들의 의견을 듣고 자신의 의견도 얘기하며 논거를 보강했습니다. 이처럼 끊임없이 생각했기 때문에, 그가 군대를 이끄는 동안 미리 대책을 세우지 못한 예상 밖의 돌발 사태는 전혀 일어나지 않았습니다.

정신 훈련에 대해 말씀드리면, 군주는 역사서를 읽어야 합니다. 걸출한 인물들의 행동을 숙고하고, 전쟁에서 스스로를 어떻게 통제했는지를 알고, 승리와 패배의 원인이 무엇인지 검토하면 패배를 피하고 승리하는 방법을 터득할 수 있습니다. 무엇보다 군주는 그들이 한 대로 따라 해야 합니다. 탁월한 그들도 자기들보다 먼저 찬양과 명예를 얻은 누군가를 모방하려 했고, 그 누군가의 행동과 태도를 항상 마음에 담아두었습니다. 알렉산드로스 대왕은 아킬레우스를 모방했고, 카이사르[5]는 알렉산드로스를, 스키피오[6]는 키루스를 모방했다는 사실은 잘 알려져 있습니다. 크세노폰[7]이 쓴 키루스의 생애를 읽는 사람이라면 누구든 스키피오가 키루스를 모방하여 얼마나 큰 영광을 성취했는지 알 수 있습니다. 또한 스키피오가 크세노폰이 묘사한 키루스의 성적 절제[8], 친근함, 인간다움,

---

5 율리우스 카이사르(기원전 102~44)는 공화정 말기 로마의 뛰어난 군인이자 정치가였다.

6 스키피오 아프리카누스(기원전 236~183)는 공화정 시대 로마의 군인이자 정치가였다.

7 크세노폰(기원전 431?~354?)은 고대 그리스의 철학자이자 역사가로, 소크라테스의 제자였다.

8 스키피오는 젊고 아름다운 부인을 손대지 않고 남편에게 되돌려 보낸 그 유명한

관대함을 그대로 따르려고 얼마나 노력했는지도 깨달을 수 있습니다.

현명한 군주라면 이런 방법을 따라야 합니다. 평화 시에도 절대 나태해지지 말고 시기를 잘 활용하여 역경에 처할 때를 대비해야 만사가 이롭고 도움이 됩니다. 운명이 변하더라도 운명에 맞설 만반의 준비를 갖추도록 말입니다.

순결의 일화로 명성을 얻었고, 점령지 스페인에서 호감을 샀다고 한다(《로마사 논고》3권 20장 참조).

15장 사람들, 특히 군주들이 칭송받거나 비난받는 일에 대하여

이제 군주가 신민이나 친구를 대할 때 어떤 방식으로 행동해야 하는지 살펴보는 일이 남았습니다.[1] 이미 많은 사람이 저술한 바 있는 이 주제에 대해 제가 다시 쓰면서 선례에서 벗어난 논지를 전개하면 오만하다고 여겨질까 두렵습니다. 그러나 제 의도는 이 문제를 이해하는 사람에게 유익한 내용을 전하는 것입니다. 따라서 사물을 상상하기보다는 사물의 실제 진실에 직접 접근하는 방식이 적절하다고 생각했습니다.

저는 많은 사람[2]이 한 번도 본 적 없고 존재한다고 알려지지도 않은 군주국과 공화국을 상상했습니다. 어떻게 사는가와 어떻게 살아야 할 것인가 사이의 거리는 지극히 멉니다. 그렇기에 행해야

1　신민에 대한 군주의 처신은 15~17장에서, 동맹에 대한 처신은 18장에서 다룬다.

2　마키아벨리가 언급하는 "많은 사람"은 군주의 의무와 목표에 대해 과장된 수사와 허식으로 가득 찬 글을 쓰던 당시의 작가들로 볼 수 있다. 그러나 더 정확히 말해 《국가》를 쓴 플라톤 이래 군주와 정치의 불변하는 이상적, 초월적 질서를 추구하던 고대와 중세의 저술가들과 르네상스 인문주의자들 모두를 가리킨다.

만 할 것을 하느라고 실제로 행하는 것을 버리는 사람은 자기를 보존하기에 앞서 파멸을 마주하게 됩니다. 모든 면에서 선을 행한다고 표방하는 사람은 선하지 않은 수많은 사람 사이에서 파멸하고 말 테니까요. 그러므로 군주가 자신의 지위를 유지하고 싶다면 선하지 않을 수 있는 법과 필요에 따라 선을 사용하고 사용하지 않는 법을 배워야만 합니다.[3]

군주에 대한 상상은 제쳐두고 실제 문제를 논의하면서 저는 이렇게 말씀드리고자 합니다. 사람들은, 특히 높은 위치에 있는 군주는 성품 때문에 칭송받거나 비난받습니다. 누구는 너그럽고, 누구는 인색하다[미제로 misero]는 평을 받습니다(저는 토스카나어를 사용하고 있는데, 우리 말에서 '아바로 avaro'는 또한 강탈하여 소유하려는 사람을 부르는 말이기 때문입니다. 자기 것을 지나치게 아끼는 사람을 우리는 '미제로'라 부릅니다).[4] 누구는 베푸는 사람인데 누구는 탐욕스

---

3 군주가 현실의 필요에 따라 정치를 할 때 권력을 유지하고, 이상적 당위에 따라 정치를 할 때는 권력을 상실한다는 뜻이다. 이 내용은 마키아벨리의 근대적 세계관을 요약한다('옮긴이 해제' 참고).

4 마키아벨리는 '미제로 misero'라는 단어를 '아바로 avaro'라는 단어와 비교해서 보여주고 있다. '미제로'가 인색함을 뜻한다면 '아바로'는 다른 사람에게서 뭔가를 강탈하려 하는 의미라고 둘의 차이를 설명하고 있다. 그가 말하려는 인색함은 강탈의 의도 없이, 남에게 베푼다는 뜻의 너그러움 liberale에 반대되는, 자기 것을 지나치게 아낀다는 뜻이다. 다음 장 전체를 할애하여 너그러움과 인색함에 대해 설명하는데, 이때 인색함의 원어는 'misero'와 'parsimonia'를 교대로 사용하고 있다. 마키아벨리가 말하는 너그러움과 인색함에는 도덕적 차원보다 재정을 넉넉히 쓰거나 아니면 쓰지 않고 긴축한다는 실질적 의미가 들어 있다. 한편, '미제로'가 토스카나어인 반면 '아바로'는 이탈리아어("우리 말")라고 언급하면서 토스카나어와 이탈리아어를 구별하는 의도가 무엇인지는 확실하지 않다. 토스카나어가 이미 14세기

러운 사람이라고, 누구는 잔인한데 누구는 자비롭다고, 누구는 신의가 없는데 누구는 충직하다고, 누구는 여성스럽고 유약한데 누구는 단호하고 기백이 있다고, 누구는 인간적인데 누구는 오만하다고, 누구는 음탕한데 누구는 정숙하다고, 누구는 정직한데 누구는 영악하다고, 누구는 완고한데 누구는 무르다고, 누구는 무겁고 누구는 가볍다고, 누구는 신심이 깊은데 누구는 의심이 많다고 생각합니다.

이 중에서 선하다고 생각하는 성품들을 군주가 갖췄다면 그야말로 칭송받을 만하다고 모두가 인정할 것입니다. 그러나 그런 일은 가능하지 않고, 선한 성품을 간직하며 성실하게 살기에는 우리를 둘러싼 여건이 만만치 않습니다. 따라서 군주는 사리 분별을 잘해야 하고, 나라를 빼앗길 정도의 악덕을 저질러 악명을 떨치지 않도록 해야 하며, 그 정도의 악덕은 아니라 해도 가급적 피해야 합니다. 그러나 그러기 힘들다면 크게 신경 쓰지 말고 그냥 놔두셔도 됩니다. 더욱이 그런 악덕을 행하지 않고서 나라를 구하기가 어렵다고 판단되면 악덕으로 악명을 떨치는 불상사도 개의치 말아야 합니다. 이것저것 다 따져봤을 때, 역량[5]처럼 보여도 따르면 파멸에 이를 수 있고, 또 악덕처럼 보여도 따르면 안전과 번영을 누릴 수 있기 때문입니다.

초반 단테의 문학 언어와 함께 이탈리아어로 확립된 저간의 사정과 어긋난다.

5 'virtù'를 책 전체에서 일관되게 '역량'이라 옮기고 있지만, 위 문맥에서는 악덕에 반대되는 미덕의 뜻을 강하게 풍긴다.

16장　너그러움과 인색함[1]에 대하여

앞서 열거한 여러 성품 가운데 첫 번째부터 시작하자면 이런 말씀을 드리고자 합니다. 물론 너그럽다는 평판이 바람직하기는 하지만, 정말로 너그럽다는 평판을 들을 정도로 행동하신다면 결국 해가 되고 맙니다. 당신이 너그러운 성품을 적절하고 역량 있게[2] 드러낸다 해도 그런 일은 알려지지 않을뿐더러, 오히려 반대되는 악명을 피하지 못할 테니까요. 사람들에게 너그럽다는 평가를 받고 싶다면 아낌없이 돈을 써야 할 텐데, 만일 군주가 그렇게 한다면 재정을 전부 소모할 수밖에 없습니다. 따라서 너그러운 사람이라는 평판을 유지하려면 민중에게 과도한 부담을 주고 가혹한 세금을 부과하며 돈을 거두기 위해 물불을 가리지 않아야만 합니다. (그런데) 그러다 보면 군주는 신민의 미움을 받기 시작하고 점점 곤궁해

1　마키아벨리가 군주의 성품과 관련하여 논의하는 너그러움liberalità과 인색함 parsimonia 이라는 용어는 무엇보다 재정 운영에 관련한 실질적 차원에서 이해해야 한다(15장 주 4 참조).
2　'젠체하지 않고 점잖게'라는 뜻이다.

져서 그 누구의 존경도 받지 못하게 됩니다. 결국 그렇게 자신의 너그러움으로 오히려 많은 사람에게 피해를 입히고 단지 소수에게만 혜택을 주기 때문에 군주는 곧바로 곤란을 겪게 되고, 그로 말미암아 위험에 맞닥뜨리면 금방 위태로워질 것입니다. 군주가 이 점을 깨닫고 물러나는 순간, 바로 인색하다는 악명에 직면합니다.

이처럼 군주는 손해를 입지 않고서는 너그러움의 역량을 발휘할 수 없습니다. 따라서 신중한 군주라면 인색하다는 평판에 연연하지 말아야 합니다. 인색함 덕분에 수입이 충분해지면 누가 전쟁을 걸어오더라도 스스로 방어할 수 있고, 민중에게 과도한 부담을 지우지 않고도 전쟁을 치를 능력을 보여줄 수 있으며, 시간이 흐른 뒤에는 결국 너그럽다는 평가를 받기 때문입니다. 그리하여 군주는 아무것도 빼앗지 않은 대다수의 많은 사람에게는 너그럽게 행동하고, 아무것도 주지 않은 소수의 사람에게만 인색하게 행동한 셈이 됩니다.

우리 시대에 위대한 업적을 성취한 사람들은 대체로 인색하다는 평판을 들었지만 [그렇지 않은] 나머지 사람들은 다 사라지고 말았습니다. 율리우스 2세는 교황의 자리에 오르려고 너그럽다는 명성을 활용했지만, 나중에 전쟁을 치르기 위해서 그 명성을 유지하겠다는 생각을 버렸습니다. 현재 프랑스 왕[3]은 신민에게 특별한 세금을 부과하지 않으면서도 수많은 전쟁을 치렀는데, 오랜 기간 인

---

3   루이 12세를 가리킨다. 1514년 12월 31일에 사망했기 때문에 마키아벨리가 이 책을 쓰던 1513년 당시에는 프랑스 왕으로 살아 있었다.

색하여 불필요한 지출을 하지 않았기 때문입니다. 만일 현재 스페인 왕[4]이 너그럽다는 평가를 받았다면 그 많은 전쟁에서 승리를 거두지 못했을 것입니다. 그러므로 군주는 신민에게서 빼앗지 않기 위해, 스스로 방어하기 위해, 궁핍해지고 경멸받지 않기 위해, 인색하다는 세상의 평가를 대수로워하지 말아야 합니다. 인색함이야말로 군주가 통치할 수 있도록 해주는 악덕 가운데 하나이기 때문입니다.

카이사르가 너그러워서 권력을 얻었고[5] 많은 사람이 너그럽거나 너그럽다는 평판 덕분에 높은 자리에 올랐다고 누군가가 말한다면, 저는 이렇게 대답하겠습니다. 당신이 이미 군주이거나 군주가 되려는 여정에 있다면, 전자의 경우에는 너그러움이 해롭고 후자의 경우에는 너그럽다는 평판이 필요합니다. 로마의 권력을 쥐려 했던 카이사르가 뜻을 이룬 뒤에도 소비를 절제하지 않았다면 권력을 잃었을 것입니다.

지극히 너그럽다고 알려진 많은 군주가 괄목할 만한 군사적 승리를 거두지 않았느냐고 누군가가 반박한다면, 저는 이렇게 대답하겠습니다. 군주는 자신 또는 신민의 소유물을 쓰거나 아니면 다른 사람의 소유물을 쓰는데, 전자의 경우라면 인색해야 하고 후자의 경우라면 할 수 있는 한 최대로 너그러워야 한다고 말입니다. 전리품과 약탈품과 배상금으로 먹고사는 군대를 이끄는 군주는 다른

---

4   페르난도 2세를 가리킨다. 1516년 1월 23일에 사망했다.
5   카이사르는 유산을 아낌없이 나눠주어 큰 인기를 얻었다.

카이사르의 죽음 (빈센초 카무치니, 1798년)
카이사르는 영토를 넓히고 속지를 효율적으로 관리하며 대내외의 정치 개혁을 추진하여 로마의 국가적 위상을 강화했다. 기원전 44년 원로원은 그를 암살했다. 카이사르의 권력 강화와 그로 인해 공화정 체제가 붕괴한다는 위기 의식, 질투와 경쟁 등이 복합적으로 작용한 결과였다. 그러나 그의 죽음은 공화정의 와해와 함께 아우구스투스에 의한 로마 제국의 번영으로 이어졌다.

카이사르의 흉상 (바티칸박물관, 기원전 44~30년)
카이사르의 사후에 만들어진 대리석 얼굴은 그의 개성과 성취를 잘 보여준다.
예술과 정치를 조화시키는 로마의 인물상 제작 방식의 전형이다.

사람의 소유물 앞에서 너그러울 필요가 있습니다. 그렇지 않으면 병사들이 따르지 않기 때문입니다.

당신이나 신민의 소유가 아닌 재물은 너그럽게 베풀어도 무방합니다. 키루스, 카이사르, 알렉산드로스처럼 말입니다. 다른 사람의 소유물을 쓰면 명성을 잃기는커녕 더하게 되지만, 오직 당신이 가진 것만 쓰면 당신에게 해가 됩니다. 너그러움만큼 자기 자신을 소모하는 것도 없으니, 너그러워지는 만큼 당신은 너그러워질 수 없습니다. 당신은 가난해져서 멸시당하거나, 아니면 가난에서 벗어나기 위해 탐욕스럽고 가증스러운 인물이 됩니다.

군주는 특히 멸시당하고 미움받는 상황을 경계해야 하는데 너그러운 군주는 그런 상황으로 끌려갑니다. 따라서 너그럽다는 얘기를 들으려다가 탐욕스러운 사람이라는 평판을 듣게 되는 것보다는 인색하다는 평판을 듣는 것이 더 지혜로운 선택입니다. 인색하면 비난은 받되 미움은 받지 않지만, 탐욕스러우면 비난도 받고 미움도 받으니 드리는 말씀입니다.

17장

잔인함과 자비로움에 대하여, 그리고
사랑받는 대상이 되어야 하는가 아니면
두려움의 대상이 되어야 하는가

앞에서 언급한 다른 성품들로 넘어가보겠습니다. 모든 군주는 모
름지기 잔인하지 않고 자비롭다[1]는 평을 듣고 싶겠지만, 이 자비를
잘못 사용하지 않도록 주의해야 합니다. 다들 체사레 보르자를 잔
인하다고 생각했지만, 그는 바로 그 잔인함 덕분에 로마냐 지방을
통일하고 질서를 회복했으며 평화롭고 충성스러운 곳으로 만들었
습니다. 그의 행동을 잘 생각해보면, 잔인하다는 세평을 듣지 않으
려고 피스토이아가 파괴될 때까지 내버려둔 피렌체인들[2]보다 그

---

1 '자비로운'의 원어 'pietoso'는 연민을 뜻한다. 연민은 불쌍하게 여기는 마음이고,
타인에 대한 공감과 동정을 불러일으킨다. 군주의 정의는 연민을 동반함으로써 적
절하게 작동한다. 마키아벨리는 연민을 동반한 공감을 군주가 갖춰야 할 자질로
반대하지는 않지만, 그것이 야기할 피해를 경계하면서 조절할 필요가 있다고 강조
한다(이번 장과 함께 18장 참조).

2 1328년 이래 피렌체에 예속된 피스토이아에서는 친메디치 성향의 판차티치파와
반메디치 성향의 칸첼리에리파가 대립하여 싸우고 있었다. 특히 1500년 8월부터
1502년 3월 사이에 두 파벌이 서로를 도시 밖으로 추방하면서 대립이 절정에 달했
다. 마키아벨리는 피렌체가 피스토이아에 온건한 정책만 쓰다가 더 큰 혼란을 초
래했다고 비판한다(《로마사 논고》 3권 27장 참조).

가 훨씬 더 자비로웠다는 사실을 알 수 있습니다. 군주가 신민을 결속시키고 충성을 확보하려면 잔인하다는 비난을 걱정하지 말아야 합니다. 아주 약간의 본보기[3]를 보여주기만 해도 자비로움이 지나쳐서 살인이나 강탈이 난무하는 무질서를 방치한 사람들보다 훨씬 더 자비로워질 것입니다. 후자는 공동체 전체를 해치지만 군주가 행하는 처벌은 특정 개인만 해치기 때문입니다.

누구든 군주 자리에 새로 오르면 잔인하다는 비판을 피할 수가 없습니다. 새로운 국가는 위험한 일로 가득하기 때문입니다. 그래서 베르길리우스는 디도의 입을 빌려 이렇게 말했습니다. "우리의 과업은 고되고 이 나라는 새 나라요. 그래서 나는 그런 조치를 취하고 사방 국경에 파수병을 배치하지 않을 수 없는 것이오."[4] 그렇지만 군주는 믿고 움직일 때 신중해야 하고, 스스로 두려움에 빠지지 말아야 하며, 신중함과 인간애를 갖춰 절제하며 나아가야 합니다. 그렇게 해서 누군가를 지나치게 믿어 경솔해지지 말고, 누군가를 과도하게 불신해서 아무도 견뎌내지 못하는 사람이 되지 말아야 합니다.

여기서 한 가지 논쟁이 생겨납니다. 사랑받는 것은 두려움의 대

---

3   특히 사법적 처벌을 뜻한다.

4   로마의 시인 푸블리우스 베르길리우스 마로(기원전 70~19)는 서사시 《아이네이스》에서 로마의 건국에 관한 이야기를 펼친다. 위 구절의 출처는 《아이네이스》(천병희 옮김, 숲, 2007) 제1권 563~564행이다. 일리오네우스가 전쟁에서 지고 피신한 트로이인들을 카르타고인들이 적대한다고 불평하자 카르타고의 여왕 디도가 그에게 한 말이다.

상이 되는 것보다 나은가, 아니면 그 반대인가. 사람들은 둘 다를 바란다고 답을 드리겠습니다. 그러나 둘을 함께 섞어놓기는 어려우니, 둘 중 하나가 없어야 한다면 사랑받는 것보다 두려움의 대상이 되는 것이 훨씬 더 안전합니다. 사람들은 대체로 감사할 줄 모르고 변덕스러우며 위선적인 데다 위험한 일은 피하고 이익이 되는 일에 욕심을 내기 때문입니다. 당신이 혜택을 주는 동안에는 다들 당신 편을 듭니다. 앞서 말씀드렸듯이[5], 아직 그럴 필요가 없을 때는 당신을 위해 피를 흘리고 재산과 생명과 자식마저 바치려 들지만, 막상 필요할 때는 등을 돌립니다. 그들 말만 믿고 다른 준비는 전혀 하지 않는 군주는 몰락합니다. 고귀하고 위대한 영혼 없이 대가를 주고 얻은 우정은 값은 치렀어도 소유한 것은 아니어서 정작 필요할 때 쓸 수가 없습니다.[6] 사람들은 두려움을 불러일으키는 사람보다 사랑을 베푸는 사람을 해칠 때 덜 주저합니다. 사랑은 감사의 끈으로 유지되지만 사람은 저열해서 이익을 챙길 기회가 생기면 얼마든지 관계를 깨뜨릴 수 있기 때문입니다. 그러나 두려움은 처벌의 공포로 유지되며 당신을 결코 저버리지 않습니다.[7]

군주는 사랑을 못 받는다고 해도 미움은 받지 않도록 하면서 사람들이 자기를 두려워하게 만들어야 합니다. 미움을 받지 않으면

---

5 9장 참조.

6 이해를 돕기 위해 상업적인 비유와 표현을 사용하고 있다.

7 마키아벨리는 두려움이 발휘하는 정치적 통제력을 언급하고 있다. 눈앞의 이익을 위해 은혜를 잊어버리는 자들에게 특효 처방은 두려움이며, 두려움은 인간의 행동을 결정하는 뿌리 깊은 원인이라고 보았다(《로마사 논고》 1권 28장 참조).

서 두려움의 대상이 되는 일은 얼마든지 가능하기 때문입니다. 군주가 시민과 신민의 재산, 부녀자들을 멀리한다면 (자기를 두렵게 만드는 일은) 언제든 어렵지 않습니다.[8] 만일 누군가의 목숨을 빼앗아야 할 때는 반드시 적절한 명분과 명백한 이유가 있어야만 합니다. 특히 다른 사람의 재산을 멀리해야 합니다. 사람은 아버지의 죽음보다도 아버지가 남긴 재산을 훨씬 더 오래 기억하기 때문입니다. 더욱이 재산을 몰수할 명분은 결코 사라지지 않습니다. 약탈로 살아가는 사람을 보십시오. 언제나 남의 것을 차지할 명분을 찾아냅니다. 반면에 생명을 빼앗을 명분은 훨씬 더 드물고 더 빨리 사라집니다.

그러나 군주가 군대를 거느리고 있고 많은 병사를 통솔하고 있다면 잔인하다는 평판에 집착할 필요가 전혀 없습니다. 잔인하다는 평판 없이는 절대로 군대를 결속시키지 못하고 아무 작전도 준비할 수 없기 때문입니다. 한니발[9]의 경이로운 행적에도 비슷한 사례가 있습니다. 그는 온갖 종류의 사람으로 혼합된 군대를 이끌고 낯선 땅에서 싸워야 했지만 운이 좋을 때나 나쁠 때나, 그들 사이에서든 군주하고든[10] 한결같이 어떠한 불화도 없었습니다. 그가 비

---

8 19장 참조. 《로마사 논고》 3권 6장, 26장 참조.

9 한니발(기원전 247~183?)은 카르타고의 총사령관이었다. 기원전 218년에 알프스의 설산을 넘어 이탈리아로 진격하여 로마를 상대로 혁혁한 승리를 거뒀으나 결국에는 기원전 202년 자마에서 로마의 장군 스키피오에게 패했다.

10 여기서 군주는 한니발을 가리킨다. 한니발 휘하의 여러 종류의 사람들 사이에서든, 그 사람들과 한니발 사이에서든, 불화가 없었다는 뜻이다.

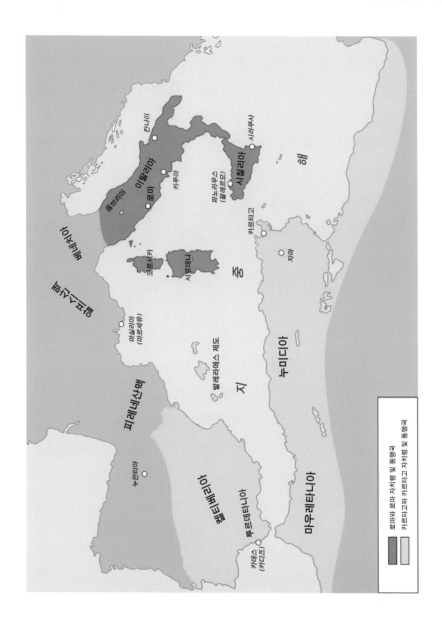

제2차 포에니 전쟁 당시 로마와 카르타고 세력도
한니발의 군사적 재능과 다양한 병과, 신속한 기동은 엄청난 위력을 발휘했지만
로마의 반격과 전략적 대처로 전세가 바뀌었다.
결국 한니발은 제2차 포에니 전쟁에서 최종 승리를 거두지 못했다.

알프스를 넘는 한니발(하인리히 로이테만, 1866)
제2차 포에니 전쟁 중이던 기원전 218년, 한니발은 알프스의 설산을 넘어 이탈리아로 침공했다.
로마는 전혀 예상하지 못했던 그의 침공으로 큰 충격을 받았다.

인간적으로 잔인했기 때문입니다. 병사들은 한니발의 다른 역량은 물론이고 잔인함 때문에 항상 그를 존경하면서 무서워했습니다. 잔인하지 않았다면 그의 다른 역량들만으로 이런 효과를 낼 수는 없었을 것입니다. 이 점을 깊이 생각하지 않은 저술가들은 한편으로는 그의 행동을 칭송하고 다른 한편으로는 그 행동의 주된 원인을 비난합니다.

한니발이 지녔던 다른 역량들만으로는 충분하지 않았으리라는 추측은 스키피오의 사례를 살펴보면 확인할 수 있습니다. 스키피오는 당대뿐만 아니라 지금까지도 대단히 탁월한 인물이라고 다들 평가하지만, 그의 군대는 스페인에서 반란을 일으켰습니다.[11] 군사 규율을 적절히 유지해야 하는데 지나치게 자비로워서 필요 이상의 자유를 병사들에게 허용했기 때문입니다. 파비우스 막시무스[12]는 이 일을 놓고 원로원에서 스키피오를 비난하며 로마 군대를 타락시킨 자라고 불렀습니다. 그리고 로크리 사람들[13]이 스키피오의 지방 총독에게 약탈당했을 때, 스키피오는 항의하는 주민들을 처벌하지 않았고 또한 그 오만한 지방 총독에게 어떠한 징계도 내리

---

11 기원전 206년.《리비우스 로마사 3》28권 참조. 한니발과 스키피오의 비교는《로마사 논고》3권 21장 참조.

12 파비우스 막시무스(기원전 275?~203)는 공화정 시대 로마의 정치가였다. 제2차 포에니 전쟁 당시 한니발과 정면 대결을 피하면서 상대의 힘을 빼앗는 지연 전술을 썼다. 여기에서 '쿤크타토르', 즉 '굼뜬 사람'이라는 별명이 생겼다.

13 로크리는 이탈리아 남부 칼라브리아 지방에 있는 그리스 식민 도시였다.

한니발의 자마 전투 상상도 (코넬리스 코르트, 1567)
기원전 202년에 카르타고 인근 자마에서 벌어진 전투는 카르타고가 로마에 패하고
제2차 포에니 전쟁이 종결되면서 로마가 지중해의 패권을 확립하는 데 결정적 영향을 미쳤다.
로마의 총사령관 스키피오 아프리카누스는 한니발의 코끼리 부대를 상대로
기병 부대를 효과적으로 활용하여 전투를 승리로 이끌었다.

지 않았습니다.[14] 이 모든 사태는 그의 안이한 성격[15]에서 비롯됐습니다. 원로원의 누군가가 스키피오는 다른 사람의 실수를 교정하는 것보다 실수하지 않는 방법을 더 잘 아는 사람이라고 변호했을 정도입니다. 만일 스키피오가 그런 식으로 군대를 계속 통솔했더라면 시간이 흐르면서 명성과 영광이 훼손되었겠지만, 원로원의 통제 아래 있었기 때문에 그의 해로운 성품은 감춰졌을 뿐만 아니라 오히려 영광이 되었습니다.[16]

두려움의 대상이 되는 것과 사랑받는 것에 대한 논의로 되돌아와 결론을 내려보겠습니다. 사람이란 누군가를 사랑할 때는 자신의 의지에 따르고 군주를 두려워할 때는 군주의 의지에 따르기 때문에, 현명한 군주라면 다른 사람의 선택보다는 자신의 선택에 의존하여 행동해야 합니다. 다만 앞서 말씀드렸듯이 미움을 받는 일만은 피하도록 노력해야 합니다.

---

14 스키피오는 그저 낮은 수준의 경고 조치를 내렸다고 한다.

15 "안이한"의 원어 'facile'는 순리에 따라 관계를 원만하게 유지한다는 뜻이지만 지나칠 경우 우유부단하다는 의미까지 지닌다. "안이한 성격"은 바로 이어서 나오는 "해로운 성품"과 상응한다.

16 후대 역사가들의 평가가 그러했다는 뜻이다.

18장 　 군주는 어떻게 신의를 지키는가

신의를 지키며 영악하지 않고 정직하게 사는 군주가 얼마나 칭송받아야 하는지는 누구나 알고 있습니다. 그러나 경험으로 볼 때 그 말이 무색하게도, 우리 시대에 위대한 업적을 남긴 군주들은 신의를 별로 중시하지 않았고, 영악하고 능수능란하게 사람을 속였으며, 결국 충직함에 기반을 둔 군주들을 능가했습니다.

　그러므로 싸움에는 두 가지 방법이 있다는 점을 아셔야 합니다. 하나는 법으로, 다른 하나는 힘으로 싸우는 것입니다. 전자는 인간 고유의, 후자는 짐승 고유의 방법입니다. 그러나 많은 경우 전자의 방법으로는 충분하지 않기 때문에 후자의 방법에 의존해야 합니다. 따라서 군주는 사람의 방법과 짐승의 방법을 고루 활용할 줄 알아야 합니다.[1]

---

1 《키케로의 의무론》(허승일 옮김, 서광사, 2006) 제1권 11장 34절 참조. 키케로도 분쟁을 해결하기 위해 설득과 폭력이 필요하다고 제안하는데, 설득은 인간에 속하고 폭력은 짐승에 속한다고 보면서 폭력은 설득으로 해결되지 않을 때만 사용해야 한다고 말한다. 마키아벨리는 현실주의에 입각하여 인간과 짐승의 방법을 모두 잘

옛 저술가들은 이런 내용을 군주들에게 비유를 들어 가르쳤습니다. 그들은 아킬레우스를 비롯한 고대의 많은 군주가 켄타우로스족인 케이론[2]에게 맡겨져 훈육과 가르침을 받으며 자랐다고 기록했습니다. 절반은 짐승이고 절반은 사람인 존재를 스승으로 삼았다는 것은 군주가 두 본성을 모두 갖춰야 하며, 어느 한쪽이 없으면 다른 한쪽도 오래 지탱되지 못한다는 사실을 의미합니다.

군주는 짐승을 잘 활용할 줄 알아야 하는데, 특히 여우와 사자를 모방해야 합니다.[3] 사자는 올가미에서 벗어나지 못하고 여우는 늑대의 공격을 막지 못하기 때문입니다. 따라서 올가미를 알아채려면 여우가 되어야 하고 늑대를 쫓아내려면 사자가 되어야 합니다.[4] 단순히 사자에 의존하는 사람은 이런 사실을 제대로 이해하지 못합니다. 그러므로 신중한 군주는 신의를 지키다가 불리한 상황이 닥치거나 신의를 약속한 이유가 사라졌을 때, 신의를 지킬 수도 없고 지켜서도 안 됩니다.[5] 모든 사람이 다 선하다면 이런 권고

　　사용하는 법을 배워야 한다고 주장한다.

2　켄타우로스는 상반신은 사람이고 하반신은 말인 종족으로, 인간 익시온과 여신 헤라 사이에서 태어나 뛰어난 지성과 육체를 갖춘 존재다. 이 종족 가운데 특히 케이론은 아킬레우스, 헤라클레스, 테세우스, 이아손 등 많은 영웅의 스승이었다.

3　《키케로의 의무론》제1권 13장 41절 참조. 키케로는 법을 어기는 두 가지 경로로 힘과 사기를 들면서 힘은 사자의 속성이고 사기는 여우의 속성이라 비유한다. 둘 다 인간에 속한 것이 아니다. 그러나 마키아벨리는 군주는 사자이면서 여우가 되어야 한다고 강조한다.

4　군주는 실력만으로 충분하지 않고 필요에 따라 속임수를 써야 한다(《로마사 논고》 2권 13장 참조).

5　군주는 강요된 약속을 지킬 필요가 없다(《로마사 논고》3권 42장 참조).

는 온당하지 못하겠지만, 사람은 사악할 뿐 아니라 당신에게 신의를 지키지 않을 테니 당신도 신의를 지키지 말아야 합니다. 군주가 신의를 지키지 않으면서 둘러댈 만한 그럴듯한 구실은 늘 차고 넘칩니다. 근래에만 해도 신의 없는 군주들이 얼마나 많은 평화, 얼마나 많은 약속을 헌신짝처럼 내팽개쳤는지를 보여주는 사례가 비일비재합니다. 여우의 방법을 사용할 줄 아는 사람이 더 큰 성공을 거뒀습니다. 그러나 그런 [여우의 방법을 동원하는] 본성을 [겉으로는] 잘 둘러댈 줄 알아야 하며, 위장과 은폐의 대가가 되어야 합니다. 사람은 매우 단순하고 눈앞의 필요에 따라 쉽게 굴복하기 때문에 속이려는 사람은 언제나 속아 넘어갈 사람을 찾습니다.

이와 관련하여 최근 사례를 짚고 넘어가야겠습니다. 교황 알렉산데르 6세는 사람을 속이는 일에만 골몰했고, 다른 일은 생각해본 적도 없으며, 언제나 속일 수 있는 대상을 찾아냈습니다. 어떤 일을 그토록 강력하게 단언하고 그토록 확고하게 약속해놓고 그렇게 야멸차게 약속을 저버리는 사람은 지금까지 아무도 없었습니다. 그래도 언제나 자신이 원하는 방식으로[6] 남을 속여왔습니다. 세상의 이러한 측면을 잘 알았기 때문입니다.

군주가 앞서 말씀드린 모든 성품을 실제로 갖출 필요는 없지만 갖춘 것처럼 보일 필요는 있습니다. 심지어 외람되나 이런 말씀을

---

6 "원하는"의 원어는 라틴어 'votum'이다. 고대 로마에서 'votum'은 신과 맺는 약속을 뜻했다. 알렉산데르 6세의 기만은 신과 맺는 엄숙한 약속으로 이행되었다는 함의를 담고 있다.

드리고 싶습니다. 그런 성품을 갖추고 항상 그대로 실천하면 해가 되고, 갖추고 있는 것처럼 보이면 득이 된다고 말입니다. 자비롭고 신의가 있고 인간적이고 정직하며 경건한 듯 보이는 것이 좋을 뿐만 아니라 실제로 그러면 좋습니다. 그러나 달리 행동해야 한다면 태도를 정반대로 바꿔야 하고, 그렇게 할 수 있는 마음의 준비가 늘 되어 있어야 합니다. 군주는, 특히 새로운 군주는 선한 사람처럼 보이게 하는 모든 기준을 다 충족할 수 없다는 점도 알아야 합니다. 자신의 국가를 유지하려면 때로는 신의, 자비로움, 인간애, 경건함과 반대로 행동해야 하기 때문입니다. 그러므로 군주는 운의 풍향과 사물의 방향이 명령하는 대로 움직일 마음의 준비를 해야 합니다. 할 수 있다면 선에서 멀어지지 않아야 하지만, 필요하다면 악으로 들어갈 줄도 알아야 한다고 이미 말씀드렸습니다.

그러므로 군주는 앞서 말한 다섯 가지 성품[7]으로 가득한 말이 아니라면 절대 입에서 나오지 않도록 매우 조심해야 합니다. 그래서 사람들이 자기를 보고 자기 말을 들을 때 자비롭고 신의가 넘치며 인간적이고 정직하며 경건하게 보이도록 세심한 주의를 기울여야 합니다. 특히 마지막 경건한 성품은 반드시 갖춘 것처럼 보여야 합니다. 대부분의 사람은 손보다 눈으로 판단합니다. 모든 사람이 당신을 볼 수 있고 소수의 사람만이 당신을 느끼기 때문입니다. 모두가 당신을 겉으로 보이는 대로 보고 소수만이 당신 자체를 느낍니다.[8] (그러나) 그 소수는 존엄한 국가가 자신들을 보호해준다고 생

---

7   자비롭고 신의가 있고 인간적이고 정직하며 경건함을 말한다.

각하는 다수의 견해에 감히 반대하지 못합니다. 사람들은 모든 행위에 대해서, 특히 이의를 제기할 재판관이 없는 군주의 행동에 대해서는 결과에만 신경을 씁니다.

그리하여 군주가 (성공적으로) 국가를 얻고 유지하면, 수단은 언제나 명예로웠다는 평가를 받고 모든 사람의 칭송을 듣습니다. 평범한 사람[9]은 그저 겉모양과 일의 결과를 보고 받아들이기 때문입니다.[10] 세상 대다수가 평범한 사람들이니, 대다수가 의지할 곳이 있을 때 소수는 설 곳이 없습니다.[11] 이름을 밝히지 않는 편이 좋을 우리 시대의 어떤 군주[12]는 오로지 평화와 신의를 밤낮으로 설교하고 있지만, 사실 둘 다에 매우 적대적입니다. 만일 그가 하나라도 실천에 옮겼다면 자신의 명성과 국가를 수도 없이 잃었을 것입니다.

---

8 느낀다는 말은 손으로 직접 만져 인지한다는 뜻이다. 손으로 직접 만지기보다 눈으로만 보는 사람은 속기 쉽다. 여기서 손으로 느낀다는 것은 권력의 속살을 분별할 줄 아는 능력과 그 실행을 뜻한다. 여기에 해당하는 소수는 권력자를 눈으로만 보지 않고 그 외양에 휘둘리지도 않는다.

9 "평범한"의 원어 'vulgo'는 겉모습 안쪽을 만져볼 손이 없는 대다수의 사람을 수식하는 용어다.

10 마키아벨리즘의 핵심을 요약하는 "결과가 수단을 변명하고 용서한다"라는 문장이 여기서 비롯되었다. "결과"는 겉으로 보이는 외양적 결과를 말한다. 외양과 실재에 관해서는《로마사 논고》1권 25장, 47장, 53장 참조. 결과에 따른 판단에 대해서는《로마사 논고》3권 35장 참조.

11 여기서 "평범한 사람들"은 앞의 용법처럼 겉모습 안쪽을 만져볼 손이 없는, 계층과 신분을 특정하지 않은 세상의 모든 사람을, "소수"는 권력의 외양에 현혹되지 않는 분별력 있는 사람을 가리킨다.

12 스페인 왕 페르난도 2세를 가리킨다(21장 참조).

19장 　경멸과 미움을 피하는 일에 대하여

앞에서 언급한 내용 가운데 가장 중요한 성품들은 이미 말씀드렸기 때문에[1], 그 외 성품에 대해서는 다음과 같이 일반적인 내용으로 간략하게 논의하려 합니다. 일부 말씀드렸듯이[2], 군주는 미움받거나 멸시당하게 만드는 원인을 어떻게 피할지 생각해야 합니다. 그 원인을 피하기만 하면 언제나 임무를 완수한 셈이 될 것이고, 다른 잘못을 저질러도 위험에 빠지지 않을 것입니다. 다시 말씀드리지만, 무엇보다도 신민의 재산과 부녀자를 강탈하는 행위[3]는 군주를 미워하거나 멸시하게 만들기 때문에 삼가야 합니다. 평범한 사람은 재산이나 명예를 빼앗기지만 않으면 언제나 만족하며 살아갑니다.[4]

1　15장 참조.
2　16장과 17장 참조.
3　마키아벨리는 부녀자를 강탈하는 행위가 부녀자보다도 부녀자의 남자에게 불명예가 된다고 생각했다.
4　17장 참조.

군주는 오직 야심 있는 소수와 싸워야 하는데, 그런 사람들은 다양한 방법으로 쉽게 제압할 수 있습니다. 변덕스럽고 경박하며 여성스럽고 소심하며 우유부단하다고 여겨지는 군주는 경멸의 대상이 됩니다. 군주는 마치 암초를 살피듯이 그런 상황을 경계해야 합니다. 자신의 행동에서 위엄, 용기, 중후함, 강인함이 드러나도록 노력해야 합니다. 또한 신민들의 사적 관계에 대해 한 번 판결을 내리면 번복하지 말아야 합니다. 평판을 유지하여 어느 누구도 감히 군주를 속이려 들거나 사기 칠 엄두를 못 내게 해야 합니다.

그런 평판을 얻는 군주는 드높은 명성을 떨치게 됩니다. 능력이 탁월하고 신민의 존경을 받는 인물에 맞서 음모를 꾸미고 공격하는 일은 매우 어렵습니다. 군주는 내부의 신민 문제와 외부의 외세 문제 두 가지를 두려워해야 합니다. 먼저 외세는 강력한 군대와 믿을 만한 동맹들로 방어하는데, 강력한 군대를 보유하고 있으면 문제없이 굳건한 동맹을 맺을 수 있습니다. 외부 상황이 안정되고, 음모 때문에 상황이 교란되지만 않으면 내부도 항상 안정됩니다. 설령 외부에서 뭔가 움직임이 있더라도 제가 권고한 대로 통치하고 삶을 영위하며 스스로 포기하지 않는다면, 군주는 언제든 어떤 충격이든 견뎌낼 수 있습니다. 앞서 말씀드린 스파르타의 나비스처럼 말입니다.[5]

그러나 신민에 대해서는 외부 움직임이 없더라도 비밀리에 음모를 꾸미지 않는지 경계해야 합니다. 미움과 경멸을 피하고 사람들

---

5   9장 참조.

이 군주에게 만족하게 만든다면 군주는 자신을 안전하게 지킬 수 있습니다. 앞에서 오랫동안 논의한 것처럼 이 일⁶은 완수해내야만 합니다. 음모에 대처하는 군주의 강력한 대책 가운데 하나는 많은 사람에게 미움을 받지 않는 것입니다.⁷ 음모를 꾸미는 사람은 군주를 죽이면 민중이 만족하리라 믿고 일을 저지르기 때문입니다. 그러나 민중의 화만 돋우리라 예상한다면, 일을 꾸미는 데 무척 주저할 수밖에 없습니다. 음모를 실행하려면 항상 무수한 어려움이 뒤따르기 때문입니다. 그리고 경험으로 알 수 있듯이, 지금까지 숱한 음모가 있었지만 결과가 좋았던 예는 별로 없습니다. 음모란 혼자 꾸밀 수 없는 데다가, 불만을 품은 사람이 아니면 동지로 삼을 수 없기 때문입니다. 그러나 불평분자에게 음모를 털어놓으면 그에게 불만을 해소할 기회를 주게 됩니다. 그는 당신의 음모를 고발하는 대가로 보상을 얻을 수 있기 때문입니다. 이렇게 하면 확실한 이익을 기대할 수 있고, 저렇게 하면 수많은 위험과 불확실한 이익만 예상되는 상황에서 당신에게 신의를 지키는 사람은 당신의 둘도 없는 친구이거나 군주에게 큰 원한을 품은 원수, 둘 중 하나일 것입니다.

간단히 요약해 말씀드리자면 음모자는 오로지 공포와 질투, 처벌을 걱정하지만, 군주는 군주의 위엄과 법률, 방어해주는 친구가 있고 국가의 보호를 받습니다. 여기에 민중의 호의까지 가세한다

6　사람들이 군주에게 만족하게 만드는 일을 말한다.
7　음모에 대한 논의는 《로마사 논고》 3권 6장 참조.

면 누구도 경솔하게 음모를 꾸밀 수 없습니다. 대개 음모자는 실행하기 전에 범죄를 망설일 허다한 이유가 있기 마련인데, 만일 민중을 적으로 만들었다면 설사 뜻한 바를 이루더라도 두려움을 떨칠 수가 없습니다. 어떤 도피처도 찾을 수 없기 때문입니다.

이 주제에 관해 제시할 사례가 한둘이 아닙니다만, 선대에 일어난 사건 하나로 충분하지 않을까 싶습니다. 현재 안니발레 영주의 조부이자 볼로냐의 군주였던 안니발레 벤티볼리오는 칸네스키가 꾸민 음모 때문에 살해당했습니다. 아들 조반니는 아직 포대기에 싸인 어린애였습니다.[8] 살해 사건이 일어나자마자 민중이 들고일어나 칸네스키 가문 사람들을 모두 죽였습니다. 당시 민중이 벤티볼리오 가문을 얼마나 믿고 의지했는지 알 수 있습니다. 안니발레가 죽은 뒤에 볼로냐에는 벤티볼리오 가문 출신으로 나라를 다스릴 만한 사람이 남아 있지 않았습니다. 볼로냐 사람들은 어떤 장인의 아들로 알려진 사람이 사실은 벤티볼리오 가문 태생이라는 정보를 입수하고, 그 사람을 피렌체에서 데려와 볼로냐의 통치를 맡

---

8 "현재 안니발레 영주"는 안니발레 2세 벤티볼리오(1469~1540)를, "현재 안니발레 영주의 조부이자 볼로냐의 군주"는 안니발레 1세 벤티볼리오(1413~1445)를 가리킨다. 안니발레 1세는 용병대장 출신으로 1443년 볼로냐의 통치자가 되었지만 다른 가문들의 반발을 불러일으켰고, 1445년 6월 바티스타 칸네스키에게 살해되었다. 그러나 이 사건은 볼로냐 민중과 다른 가문들의 반발을 야기했고, 칸네스키 일파 대부분은 살해되거나 추방당했다. "아들 조반니"는 안니발레 1세의 아들이자 안니발레 2세의 아버지인 조반니 2세(1443~1508)를 가리킨다. 한편 안니발레 2세 역시 용병대장으로 피렌체를 위해 싸우다가 프랑스의 지원을 받아 1511년 볼로냐에 입성했다. 그러나 1512년 4월에 일어난 라벤나 전투 이후에 페라라로 추방당해 그곳에서 죽었다.

겼습니다. 그리고 어린 조반니가 통치할 수 있는 나이가 될 때까지 그가 도시를 다스렸습니다.[9]

결론은 이렇습니다. 민중이 우호적일 때 군주는 누군가 음모를 꾸미지 않을까 신경 쓸 필요가 없지만, 민중이 적대적이고 자기를 미워할 때는 매사 모든 사람을 두려워해야 합니다. 질서 잡힌 국가의 현명한 군주는 귀족들이 실망하지 않도록, 민중이 만족하고 기뻐하도록 항상 세심한 노력을 기울였습니다. 이것이 군주가 해야 할 중요한 일이기 때문입니다.

우리 시대에 탄탄한 질서를 기반으로 통치하고 있는 왕국에는 프랑스가 있습니다. 프랑스에는 왕의 자유와 안전의 토대가 되는 훌륭한 제도가 많습니다. 그중 첫 번째는 대단한 권위를 지닌 고등법원[10]입니다. 프랑스 왕국을 그렇게 조직한 사람[11]은 힘 있는 자들의 야심과 오만함을 익히 알고 있었기 때문에 재갈을 물려 교정해야 한다고 판단했습니다. 다른 한편, 그는 민중이 귀족을 두려워해서 미워한다는 사실을 알고 보호해주려 했는데, 이런 조처가 혹시라도 왕의 각별한 관심사로 비치지 않기를 바랐습니다. 민중에게 호의를 보이다 귀족의 불만을 살 수 있고, 귀족에게 호의를 보이

---

9 "그 사람"은 산테 벤티볼리오를 가리킨다. 안니발레 1세의 백부 에르콜레의 서자로 알려져 있다. 1447년부터 1462년까지 볼로냐를 다스렸다.

10 프랑스 혁명 전까지 고등법원은 새로 제정된 법이 기존의 법과 전통에 어긋나지 않는지를 검토하는 기관이었다.

11 1254년경 파리의 고등법원을 창설한 루이 9세(1214~1270)를 가리킨다. 1300년대에 들어서 그의 손자인 필리프 4세(1268~1314)는 고등법원의 기능을 더욱 발전시켰다.

다 민중의 불만을 살 수 있기 때문이었습니다. 그래서 왕이 비난받지 않으면서 귀족을 억제하고 민중에게 혜택을 줄 수 있도록 제3의 판관을 세웠던 것입니다. 이는 다른 어떤 제도보다 더 신중하고 훌륭했을 뿐만 아니라 왕과 왕국의 안전에 군건한 토대가 되었습니다. 또 주목할 점은, 군주는 부담이 되는 일은 다른 사람에게 넘기고 혜택을 주는 일은 직접 해야 한다는 것입니다. 다시 한번 결론을 말씀드리면, 군주는 귀족을 존중해야 하지만 민중의 미움을 사서는 안 됩니다.

일부 로마 황제의 삶과 죽음을 살펴본 적잖은 사람들이 제가 제시한 견해에 반론을 제기할 수도 있습니다. 언제나 탁월한 삶을 영위했고 위대한 정신적 역량을 보여주었지만, 음모를 꾸민 부하들에게 암살당하거나 나라를 빼앗긴 황제들도 있기 때문입니다. 그 반론에 답하고자 일부 황제들이 몰락한 이유가 제 추론과 다르지 않다는 사실을 보여드리면서 그들의 성품을 논의해보겠습니다. 덧붙여 그 시대의 행적을 읽는 사람이라면 주목해야 할 사항들도 살펴보겠습니다. 철학자 마르쿠스에서 막시미누스까지 제국을 계승한 모든 황제, 즉 마르쿠스[12], 그의 아들 콤모두스[13], 페르티낙스[14],

---

12 마르쿠스 아우렐리우스(121~180)는 스토아 철학자로도 유명한 로마의 황제로, 동생 루키우스 베루스와 함께 공동 황제 체제를 이뤘다. 그의 《명상록》(박문재 옮김, 현대지성, 2018)은 로마인의 정신을 집약한 책으로 평가받고 있다. 그는 평생 국경에서 외적을 물리치고 로마를 방어하는 데 힘을 쏟았다.

13 루키우스 콤모두스(161~192)는 마르쿠스 아우렐리우스 황제의 장남으로, 177년에 연로한 아버지와 공동 통치하며 황제에 올랐다가 180년에 아버지가 죽자 단독 황제가 되었다. 원형 경기장에서 벌어지는 검투사와 맹수의 결투를 좋아했고, 직

율리아누스[15], 세베루스[16], 그의 아들 안토니누스 카라칼라[17], 마크리누스[18], 헬리오가발루스[19], 알렉산데르[20], 그리고 막시미누스[21]를 거론하면 충분할 듯합니다.[22]

맨 먼저 지적할 점은 다른 나라의 군주들은 귀족의 야심과 민중의 오만함에 맞서 싸웠지만 로마 황제들은 또 다른 어려움에 직면해 있었다는 사실입니다. 바로 병사들의 잔인함과 탐욕을 견디는

접 경기장으로 내려가 싸움을 즐겼다. 192년 12월 암살되었다.

14 푸블리우스 페르티낙스(126~193)는 천민 출신으로 콤모두스에 이어 황제가 되었다. 그러나 지나치게 개혁적인 정책으로 군인들의 미움을 샀고, 제위에 오른 지 3개월이 채 되지 않아 반란 군인들에게 살해되었다.

15 율리아누스(133~193)는 193년 3월 페르티낙스를 죽이고 황제로 즉위했으나 그 역시 같은 해 6월에 죽음을 당했다. 겨우 석 달을 황제로 있었다.

16 셉티미우스 세베루스(146~211)는 황제 계승을 둘러싼 혼란 속에서 로마로 진군하여 197년 원로원의 지지 아래 황제가 되었다. 황실 근위대를 자신의 군단에서 선발한 1만 5,000명의 정예 병력으로 교체하면서 권력의 기반을 다졌다. 원로원을 약화하고 군대를 강화하는 정책을 펼쳤다.

17 안토니누스 카라칼라(188~217)는 셉티미우스 세베루스 황제의 장남으로 태어나 아버지 사후에 동생과 함께 공동 황제가 되었다. 그러나 형제 사이의 경쟁이 심해져 마침내 212년에 동생을 살해했다. 그는 늘 전쟁을 수행한 호전적인 통치자였다. 217년 4월, 파르티아인을 상대로 한 원정 중에 근위대장 마크리누스(이후 그는 황제가 되었다)에게 살해되었다.

18 마크리누스(165~218)는 원로원 출신이 아닌 유일한 황제이며, 한 번도 수도 로마에 들어가지 못한 유일한 황제였다. 군대의 지지를 잃고 군사들에게 살해되었다.

19 안토니누스 아우구스투스(203~222)를 가리키며, 태양신 엘가발을 숭배하여 로마의 주신으로 섬기려 한 데서 그렇게 불렸다. 그는 괴팍한 성격과 기괴한 행동으로 국고를 탕진하고 주변의 신임을 잃은 잔인한 군주로 알려져 있다. 동생 게타와 함께 로마의 공동 황제가 되었으나 동생을 죽이고 권력을 독점했다. 호위대장 마크로비우스의 계략에 빠져 호위병들 손에 살해당했다. 마크로비우스는 이후 황제에 올랐다.

일이었습니다. 대단히 힘겨운 이 문제로 많은 황제가 몰락했습니다. 군인과 민중을 동시에 만족시키기는 힘들기 때문입니다. 평안을 바라는 민중은 온건한 군주를 원하는 반면, 군인들은 오만하고 잔인하며 탐욕스러운 호전적 성향의 군주를 좋아했습니다. 군인들은 군주가 민중을 마구 다뤄서 자기들 급여를 두 배로 인상해주고, 탐욕스럽고 잔인한 자신들의 본성도 분출할 수 있게 해주기를 바랐습니다. 따라서 자신의 성격이나 책략으로 군인들이나 민중을 억누를 만큼 대단한 명성을 지니지 못한 황제들은 반드시 몰락했습니다. 특히 새로 제위에 오른 황제들[23]을 비롯한 대부분은 상반되는 두 기질이 상충하는 데서 오는 어려움을 알고 있었지만, 군인들을 만족시키는 쪽으로만 방향을 돌렸고 민중에게 끼치는 해악은

20 세베루스 알렉산데르(207~235)는 사촌 헬리오가발루스의 뒤를 이어 황제에 올랐다. 13년 재위 동안 처음 6년은 평화를 유지했지만 어머니 율리아 마메아의 내정 간섭으로 정세가 불안정해졌고, 페르시아와 벌인 전쟁에서 패한 데다가 게르만족과의 평화 교섭에 불만을 품은 근위대에게 어머니와 함께 살해되었다. 그의 죽음과 함께 세베루스 왕조가 붕괴했고 군인 황제 시대가 시작되면서 로마는 혼란기에 접어들었다.
21 막시미누스 트락스(173~238)는 그리스 트라키아 출신의 일반 병사에서 황제의 자리까지 올랐다. 현재 마인츠 지방에 해당하는 지역에 주둔하던 중에 세베루스 알렉산데르가 암살되자 주둔 군단이 황제로 추대했다. 이후 그에 반대하는 봉기가 일어나고 원로원은 그를 폐위했다. 막시미누스는 원로원을 응징하기 위해 로마로 진군했으나 완강한 저항에 부딪혀 교착 상태에 빠졌고, 이에 불만을 품은 부하들에게 살해되었다.
22 로마 황제들에 대한 마키아벨리의 지식은 역사가 헤로디아누스(170~240)의《마르쿠스 황제 이후 로마 제국의 역사》에서 가져온 것으로 보인다. 피렌체의 인문주의 학자 폴리치아노(1454~1494)가 라틴어로 옮겼다.
23 세습 황제가 아니라 보통 사람이 황제가 된 경우다.

별로 신경을 쓰지 않았습니다.

이런 선택은 당연했습니다. 군주는 어느 한쪽의 미움을 받을 수밖에 없기 때문에 일단 다수 집단의 미움을 받지 않도록 노력해야 합니다. 그럴 수 없다면 할 수 있는 모든 노력을 기울여 세력이 더 강한 집단의 미움에서 벗어나야 합니다.[24] 그래서 새로 즉위해서 특별한 지원이 필요하던 황제들은 민중보다 군인들에게 의존했습니다. 하지만 이런 선택은 군주가 군인들에게 권위를 유지하는 방법을 아는지 모르는지에 따라 유익할 수도 있고 아닐 수도 있었습니다.

앞서 말씀드린 이유로 마르쿠스, 페르티낙스, 알렉산데르는 모두 절제하며 살았고 정의를 사랑했고 잔인함을 피했으며 인간적이고 온화했지만, 마르쿠스를 제외한 나머지 두 황제는 비참하게 최후를 마쳤습니다. 혼자 명예롭게 살다가 세상을 떠난 마르쿠스는 황제의 지위를 세습으로 물려받았기 때문에 군인들이나 민중에게 인정받을 필요가 없었습니다. 더욱이 존경받을 만한 역량도 갖추고 있어서 평생 두 집단이 각각 일정한 경계를 넘지 않도록 통제할 수 있었고, 미움이나 경멸도 전혀 받지 않았습니다. 그러나 군인들의 뜻에 반하여 황제가 된 페르티낙스가 절제 있는 생활을 요구하자 이미 콤모두스 치하에서 방종한 생활에 익숙해진 군인들은 견딜 수가 없었습니다. 페르티낙스는 군인들의 미움을 받게 되었고, 늙었다는 이유로 경멸까지 받았기 때문에, 제위에 오른 지 얼마 되지 않아 몰락하고 말았습니다.

24 "다수 집단"은 민중을, "세력이 더 강한 집단"은 군인들을 가리킨다.

여기서 우리는 나쁜 일은 물론 좋은 일도 미움을 초래할 수 있다는 점에 주목해야 합니다. 이미 말씀드렸듯이, 국가를 유지하려는 군주는 종종 선하게 행동하지 말라는 압력을 받습니다. 권력 유지에 필요하다고 판단되는 집단이 부패해 있을 때, 그 집단이 민중이든 군인이든 귀족이든 그들을 만족시키기 위해 그들의 기질을 따라야 합니다. 그럴 때 선한 행동은 오히려 해로울 수 있습니다.

이제 알렉산데르의 경우를 살펴보겠습니다. 무척 선량했던 그가 펼친 일은 대부분 칭송받았습니다. 황제 자리에 있던 14년 동안 재판을 통하지 않고 죽인 사람은 단 한 명도 없었습니다. 그럼에도 내내 유약했을 뿐만 아니라 어머니에게 휘둘리는 사람이라는 인식 속에 경멸당했으며, 결국 군대가 꾸민 음모에 휘말려 피살되었습니다.

그와 대비되는 콤모두스, 세베루스, 안토니누스 카라칼라, 막시미누스는 성품이 매우 잔인하고 탐욕스러운 군주였습니다. 군인들을 만족시키기 위해서라면 민중에게 갖은 만행을 망설임 없이 저질렀고, 그 결과 세베루스를 제외하고 모두 비참한 최후를 맞았습니다. 다양한 역량을 갖춘 세베루스는 민중을 탄압했는데도 군인들과 우호 관계를 유지하면서 끝까지 성공적으로 통치했습니다. 뛰어난 역량 덕분에 군인들과 민중은 그를 탁월한 인물로 보았습니다. 민중은 경이롭고 놀라운 눈으로 그를 바라보았고, 군인들도 그에게 만족하며 존경했습니다.

세베루스는 행적이 매우 탁월한 데다가 새로운 군주로서 더더욱 주목할 만합니다. 그러니 제가 군주가 모방해야 한다고 앞에서 말씀드린[25] 여우와 사자의 기질을 그가 얼마나 잘 활용했는지 간략하게 검토해보고자 합니다. 세베루스는 율리아누스 황제의 나태함을 익히 알고 있었습니다. 그래서 스키아보니아[26]에서 자신이 지휘하던 군대를 설득했습니다. 로마로 진격하여 친위대에 살해당한 페르티낙스의 죽음에 복수하라고 말입니다. 일단 그렇게 명분을 쌓아두고 황제권을 장악하려는 야심은 숨긴 채 로마를 향해 군대를 움직였습니다. 그리고 그가 스키아보니아를 출발했다는 소문이 퍼지기도 전에 이탈리아에 도착했습니다. 그가 로마에 도착하자 겁에 질린 원로원은 그를 황제로 선출하고 율리아누스를 처형했습니다.

이렇게 일을 시작한 뒤에 세베루스는 나라 전체의 주인이 되고자 했는데, 이를 위해서는 두 가지 어려움을 극복해야 했습니다. (하나는) 아시아 군대의 우두머리인 니게르[27]가 스스로 황제라 칭한 것이고 (다른 하나는) 서쪽의 알비누스[28]가 제위를 넘보고 있었다는 것입니다. 세베루스는 두 사람 모두를 적으로 만드는 일은 위

---

25 18장 참조.

26 아드리아해 동쪽에 위치한 지역으로 지금의 크로아티아에 해당한다.

27 페스켄니우스 니게르(135?~197)는 아시아 속주(지금의 튀르크)에서 군사 경험과 명성을 쌓았다. 193년 페르티낙스가 살해당한 뒤에 아시아 주둔 군대의 지지를 받아 황제로 추대되었으나, 결국 세베루스에게 패한 뒤 처형되었다.

28 클로디우스 알비누스(150~197)는 브리타니아와 갈리아 군단의 추대로 황제가 되었지만, 세베루스와 벌인 싸움에서 패하여 자결했다. 지금까지 거명된 황제들 가운데 페르티낙스, 율리아누스, 니게르, 알비누스, 세베루스는 콤모두스 황제가 살해된 이후 193년부터 197년까지 황제 자리를 두고 내전을 벌였다. 그 기간을 이전의 '오현제 시대'를 이은 '오황제 난립기'라고 부른다. 세베루스는 내전을 평정한 이후 세베루스 왕조(193~235)를 열었다.

험하다 판단하여 니게르는 공격하고 알비누스는 속이기로 결심했습니다. 알비누스에게 편지를 써서 원로원이 자기를 황제로 선출했으니 권력을 함께 나누자고 했습니다. 또한 그에게 카이사르의 칭호를 붙이면서 원로원의 결정에 따라 그를 동료로 생각한다고도 했습니다. 이런 말들을 알비누스는 진실로 믿었습니다.

그러나 일단 니게르를 격파하여 죽이고 아시아를 평정한 뒤에 로마로 돌아온 세베루스는 알비누스가 자기가 베푼 은혜를 저버리고 자기를 기만하여 죽이려 했으니, 그 배은망덕을 처벌해야 한다고 원로원에서 비난했습니다. 이후 세베루스는 프랑스로 가서 알비누스의 국가와 목숨을 빼앗았습니다. 세베루스의 행적을 세세히 검토해본 사람이라면 그가 대단히 사나운 사자인 동시에 몹시 영악한 여우라는 사실을, 그리고 모든 사람에게 두려움의 대상인 동시에 존경을 받으면서도 군대의 미움은 사지 않았다는 사실을 알 수 있습니다. 따라서 새로운 인물인 그가 그렇게 거대한 제국을 지배할 수 있었다는 사실은 그리 놀랄 만한 일이 아닙니다. 그의 약탈 행위를 접한 민중이 미워하는 마음을 품을 수도 있었지만 그의 위대한 명성이 대단한 보호막이 되어주었습니다.

그의 아들 안토니누스도 민중은 경탄하고 군인들은 호감을 가질 만큼 탁월한 성품을 지닌 사람이었습니다. 어떤 역경이든 이겨낼 수 있는 강인한 전사로서, 모든 사치스러운 음식과 모든 부류의 유약함을 경멸했기 때문입니다. 그래서 모든 군인의 사랑을 받았습니다. 그런데도 유례가 없을 정도로 잔인하고 난폭해서 닥치는 대로 사람들을 죽였고, 로마 주민 상당수와 알렉산드리아 주민 모두를 살해했습니다. 온 세상 사람들이 그를 미워했고 주위 사람들도 그를 두려워하기 시작했습니다. 급기야 자신이 거느리던 군대 한복판에서 어느 백인대장百人隊長에게 살해되었습니다.

여기서 주목할 점은 집요한 사람이 마음먹고 저지르는 이런 종류의 살인은 군주라도 도저히 피할 길이 없다는 사실입니다. 죽음이 두렵지 않으면 누구라도 군주에게 해를 입힐 수 있기 때문입니다. 그러나 이는 매우 드물게 일어나는 일이어서 그다지 두려워할 필요는 없습니다. 군주는 그저 주변에서 보좌하는 측근이나 자신이 부리는 사람 그 누구에게도, 안토니우스가 그랬던 것처럼 심각한 피해를 주지 않도록 스스로 경계하며 통치권을 유지하면 됩니다. 안토니우스는 백인대장의 형제를 치욕적인 방법으로 살해하고 백인대장을 지속적으로 위협했으면서도 계속해서 경호원으로 삼았습니다. 이는 파멸을 불러올 만큼 몹시도 경솔한 처사였으니, 그가 맞은 비극은 당연해 보입니다.

콤모두스의 사례로 가보겠습니다. 마르쿠스 아우렐리우스의 아들인 그는 통치권을 세습했기 때문에 권력을 유지하기가 아주 쉬웠습니다. 그저 아버지의 발자취만 따라갔어도 충분했을 테고, 그랬다면 군인들과 민중 모두 만족했을 것입니다. 그러나 그는 천성이 잔인하고 짐승 같아서 민중을 착취하여 탐욕을 채우려고 했고, 그러기 위해 군인들의 비위를 맞추고 방탕한 생활을 못 본 척했습니다. 자신의 권위는 생각하지도 않고 종종 원형극장으로 내려가 검투사들과 싸우기도 했고, 때로 황제의 위엄에 어울리지 않는 천박한 일을 저질러서 군인들 눈에도 경멸스러운 존재가 되고 말았습니다. 미움과 경멸을 한 몸에 받은 그는 결국 음모에 말려들어 살해되었습니다.

이제 막시미누스의 성품에 대해 말씀드리겠습니다. 그는 아주 호전적인 사람이었습니다. 앞서 말씀드렸듯이, 알렉산데르의 유약함을 무척 싫어했던 군인들은 그가 죽은 뒤에 막시미누스를 황제로 선출했습니다. 그의 제국은 오래가지 않았습니다. 두 가지 이유로 미움과 경멸을 받았기 때문입니다. 하나는 그가 비천한 출신이라는 점입니다. 그는 트라키아에서 양을 치던 사람이었습니다. 이 사실을 모르는 사람이 없어서 누구든 그를 마음 깊이 경멸했습니다. 다른 하나는 재위 초기에 바로 로마로 가서 황제 자리에 오르지 않고 미적거리는 동안 지방 장관들이 로마를 비롯한 제국 곳곳에서 수많은 잔혹 행위를 저질렀고, 그도 덩달아 잔인하다는 평판을 얻었다는 점입니다. 세상은 그의 비천한 혈통을 경멸하고, 난폭함이 두려워 그를 미워하며 크게 동요했습니다. 먼저 아프리카가 반발했고, 이어서 로마 민중과 원로원이 들고일어났으며, 급기야 이탈리아 전역에서 반란이 일어났습니다. 설상가상으로 군대조차 반란에 가담했습니다. 당시 아퀼레이아[29]를 포위하고 있던 군대는 공략에 어려움을 겪고 있었고 막시미누스의 잔인함에 넌더리가 난 상태였습니다. 그리고 많은 사람이 그를 적으로 돌리는 꼴을 본 터라 별 두려움 없이 그를 죽이고 말았습니다.

모든 이의 경멸을 받아 곧바로 제거된 헬리오가발루스, 마크리

---

29 이탈리아 동북부 끝의 아드리아해 연안에 로마인들이 세운 도시다.

누스, 율리아누스는 논의하고 싶지 않으니, 곧바로 결론을 내리겠습니다. 우리 시대 군주들은 군인들을 과도하게 만족시키며 통솔해야 하는 어려움은 크게 없다고 말씀드립니다. 물론 어느 정도 고려해야 할 필요는 있으나, 지금은 로마 제국처럼 지방의 통치와 행정에 군대가 깊이 얽히는 일이 없어서 그 어려움은 즉시 해결됩니다. 로마 제국에서 민중보다 군인을 더 만족시켜야 했던 이유는 군인의 힘이 더 강했기 때문입니다.

지금은 튀르크와 이집트의 술탄을 제외한 모든 군주가 군인보다는 민중을 만족시켜야 합니다. 민중이 군인보다 더 많은 것을 할 수 있기 때문입니다. 여기에서 저는 튀르크 왕[30]은 제외했습니다. 튀르크 왕은 늘 주변에 거느리는 1만 2,000명의 보병과 1만 5,000명의 기병에게 왕국의 안전과 힘을 의존하기 때문입니다. 따라서 튀르크 왕은 다른 사람을 배려하기에 앞서 먼저 군인들을 우호적으로 대해야 합니다. 이집트 술탄[31]의 왕국도 완전히 군인들 수중에 있으므로, 술탄도 민중을 고려하기 전에 우선 군인들과 협조하는 관계를 유지해야 합니다.

게다가 술탄 국가는 다른 군주국과 다릅니다. 그 나라는 세습 군주국이라 할 수도 없고 새로운 군주국이라 할 수도 없습니다. 굳이 따지자면 그리스도교 교황국과 비슷합니다. 세습으로 주인이 되는

---

30 오스만튀르크의 셀림 1세(재위 1512~1520)를 가리킨다(《로마사 논고》 1권 1장, 30장 참고).

31 1252년 이래 이집트를 통치하던 맘루크 왕조의 술탄들을 가리킨다.

사람은 옛 군주의 아들이 아니라 관련 권한을 가진 사람들이 선출하는 인물이기 때문입니다. 이는 오래된 제도이므로 새로운 군주국이라고 할 수 없습니다. 새로운 군주국에서 일어나는 어려움이 전혀 없기 때문입니다. 군주가 새로운 인물이라 해도, 국가의 제도가 오래되었기 때문에 그 군주를 세습 군주처럼 받아들일 준비가 되어 있습니다.[32]

우리의 주제로 돌아가겠습니다. 앞서 다룬 내용을 깊이 생각해 본 사람이라면 누구나 미움 혹은 경멸이 조금 전 거명한 황제들의 주요 몰락 원인임을 알 것입니다. 일부는 이런 방식으로 일부는 저런 방식으로 행동했지만, 어떤 경우든 일부는 행복한 결말을, 일부는 불행한 결말을 맞이했습니다. 새로운 군주였던 페르티낙스와 알렉산데르가 세습으로 군주 자리에 오른 마르쿠스 아우렐리우스를 모방하려 한 시도는 도리어 무익하고 해로웠습니다. 마찬가지로 세베루스를 모방한 카라칼라, 콤모두스, 막시미누스는 세베루스의 발자취를 따를 만한 역량이 충분하지 않았기 때문에 오히려 치명적인 결과를 낳았습니다. 그러므로 새로운 군주국에서 군주의 자리에 오른 사람은 마르쿠스 아우렐리우스의 행동을 모방할 수 없고, 세베루스의 행적을 따를 필요도 없습니다. 차라리 세베루스에게서 국가를 세우는 데 필요한 부분을 찾아 모방하고, 마르쿠스 아우렐리우스에게서는 이미 확고히 자리 잡은 국가를 유지하는 데 적합하고 영광스러운 부분이 무엇인지 배워야 합니다.

32 적어도 여론이 그렇게 형성된다는 뜻이다.

20장

요새를 구축하는 일을 비롯하여 군주가
상시로 하는 많은 일은 유익한가 무익한가

국가를 안전하게 유지하기 위해 어떤 군주는 신민들의 무장을 해
제했고, 어떤 군주는 자신이 복속시킨 도시를 분열 상태로 내버려
뒀으며, 어떤 군주는 자신에 대한 적대감을 조장했는가 하면, 어떤
군주는 정권 초기에 미심쩍은 자들을 자기편으로 회유하려 했고,
어떤 군주는 요새를 세웠으며, 어떤 군주는 요새를 허물어뜨리고
파괴했습니다. 이와 비슷한 결정을 해야 하는 국가의 세부 상황을
고려하지 않고 정확한 판단을 내리기는 어렵지만, 주제가 허용하
는 한에서 폭넓게 논의하겠습니다.

우선 새로운 군주가 신민들의 무장을 막은 경우는 전혀 없었습
니다. 무장하고 있지 않으면 오히려 무기를 주었습니다. 신민들이
무장을 하면[1] 신민들의 무기는 당신의 무기가 되고, 당신이 의심했
던 사람들이 당신에게 충성하게 되며, 충성했던 사람들은 그냥 신

---

1 신민들에게 무기를 나눠주어 사적으로 무장하도록 한다는 것이 아니라 군주 자신
의 군사 조직으로 만든다는 뜻이다.

민이 아니라 당신의 신봉자로 바뀌기 때문입니다. 모든 신민을 무장시킬 수는 없으므로, 무장시킨 자들에게 혜택을 주면 당신을 더욱 안전하게 지킬 수 있습니다. 자기들에 대한 대접이 다르다는 사실을 알게 되면 그들은 당신에게 감사할 것이고, 다른 사람들은 위험 부담이 더 크고 엄밀한 임무를 수행하는 사람이 더 많은 혜택을 받는 것은 당연하다고 인정하며 당신의 행동을 이해할 것입니다.

그러나 당신이 신민들의 무장을 해제하면 그들은 마음이 상할 것입니다. 당신이 유약하거나 의심이 많아서 그들을 믿지 못한다는 사실을 드러내는 셈이기 때문입니다. 그래서 어떤 경우에든 당신을 미워하게 됩니다. 당신은 무장하지 않은 채로 지낼 수 없기 때문에 제가 앞서 말씀드린[2] 종류의 용병 군대에 의존할 수밖에 없습니다. 그러나 아무리 뛰어난 용병이라 해도 강력한 적이나 의심이 많은 신민에게서 당신을 잘 지켜줄 수는 없습니다. 그러므로 앞서 말씀드린 것처럼, 새로운 군주국의 새로운 군주는 언제나 군대를 조직했습니다. 역사는 그런 사례로 가득합니다. 그러나 군주가 새로운 국가를 획득하여 이전 국가의 부속물로 덧붙인다면[3], 새 국가를 획득할 때 군주를 지지했던 사람들을 제외한 나머지의 무장을 해제해야 합니다. 시간이 흘러 기회가 생기면 지지자들도 부드럽고 순종적으로 만들어야 합니다. 그리고 이전 국가에서부터 당신과 함께한 군인들이 국가의 모든 무력을 장악할 수 있도록 조직해야 합니다.

2　12장 참조.
3　3장 참조.

현명하다고 존경받은 우리 선조들은 피스토이아는 파벌로 유지하고 피사는 요새로 유지할 필요가 있다고 했습니다.[4] 어떤 도시에서는 신민들 사이의 분열을 조장하여 더 손쉽게 지배했습니다. 이탈리아가 어떻게든 균형을 유지하던 시절[5]에는 그런 방식이 효과적이었지만, 오늘날에는 통하지 않는 가르침입니다. 분열은 결코 도움이 되지 않기 때문입니다. 오히려 적이 다가오면 분열된 도시는 반드시 무너지는데, 약한 파벌은 외부 세력과 손을 잡으려 하고 다른 파벌은 스스로 지탱할 수 없는 탓입니다.

제가 생각하기에, 앞서 설명해드린 이유로 베네치아 사람들은 복속시킨 여러 도시에서 궬피당과 기벨리니당을 부추겼습니다.[6] 유혈 사태까지 가도록 유도하지는 않았지만, 두 당파 사이에 분열을 조장하여 시민들이 그 문제에 몰두하느라 군주에 맞서 단결하지 못하게 만들었습니다. 모두가 알고 있듯, 이후의 일은 베네치아

---

4 피렌체는 복속시킨 도시 피스토이아를 효과적으로 지배하기 위해 파벌 사이의 분열을 조장했고(17장 참조), 피사를 지배하기 위해서는 군사 작전이 필요하다고 보았다(《로마사 논고》 2권 24장 참조).

5 메디치 가문이 피렌체를 이끌면서 이탈리아의 세력 균형도 유지하던 15세기를 가리킨다. 메디치 가문은 대내적으로는 여러 계층과 견해 차이를 유연하게 조정하고, 대외적으로는 이탈리아의 여러 도시와 교황청, 유럽 국가들과 외교 및 군사 관계를 적절히 운용하는 가운데 놀라운 번영을 이뤄냈다.

6 중세에 궬피당은 로마의 교황을 지지하고 기벨리니당은 신성 로마 제국 황제를 지지하는 파벌이었다. 그러나 16세기 초기에 궬피당은 프랑스의 루이 12세를 지지하는 자들을, 기벨리니당은 신성 로마 제국의 막시밀리안 황제(1459~1519)를 지지하는 자들을 가리켰다. 도시마다, 파벌마다, 개인마다 교황권과 황제권에 대한 입장이 달랐고 자꾸 변했기에 양상은 무척 복잡하게 전개되었다.

사람들 의도대로 진행되지 않았습니다. 그들이 바일라에서 패하자[7], 당파 하나[8]가 즉시 행동을 개시하여 (롬바르디아의) 모든 지역을 베네치아인들 손에서 빼앗았습니다. 그러므로 그와 같은 방식[9]은 군주가 취약하다는 증거입니다. 강력한 군주국에서는 그러한 분열을 절대 허용하지 않습니다. 평화로운 시기에는 분열로 신민들을 좀 더 쉽게 다룰 수 있어서 얻는 게 있겠지만, 전쟁이 닥치면 자기의 오류만 보여주기 때문입니다.

군주가 자신에게 닥친 시련과 저항을 극복할 때 위대해진다는 사실은 의심의 여지가 없습니다. 특히 세습 군주보다 더 큰 명성을 획득해야 하는 새로운 군주가 적을 만나 공격받는 상황은 곧 위대해질 수 있는 운을 만난 것과 다름없습니다. 군주는 상황을 극복하고 적을 사다리로 삼아 더 높이 올라갈 수 있습니다. 그러므로 많은 사람이 생각하듯 현명한 군주는 기회가 왔을 때 영악한 방법으로 적대 세력을 만들고 부추긴 다음, 위기 상황을 극복하여 자신을 더욱 위대하게 만들어야 합니다.

군주, 특히 새로운 군주들은 국가 수립 단계에서는 의심스러웠던 사람들이 애초에 신뢰했던 사람들보다 더 믿을 만하고 유용하다는 점을 발견했습니다. 시에나의 군주 판돌포 페트루치[10]는 다른

7   12장 참조.
8   기벨리니당을 가리킨다.
9   복속시킨 도시를 좀 더 쉽게 지배하기 위해 갖가지 분열을 조장하는 방식을 뜻한다.
10   판돌포 페트루치(1452~1512)는 1500년 세력을 규합하여 시에나의 권력을 손에 넣었다. 체사레 보르자에게 맞서기 위한 마조네 모임(7장)에 참가했으나, 세니갈

누구보다도 한때 의심했던 사람들의 도움으로 국가를 통치했습니다. 물론 경우에 따라 달라지기 때문에 일반화해서 말할 수는 없습니다. 다만 군주는 초기에는 적이었던 사람들, 자기방어를 위해 기댈 곳이 필요한 사람들을 아주 쉽게 같은 편으로 만들 수 있다고 말씀드리겠습니다. 그들은 누구보다 충실하게 군주에게 봉사할 수밖에 없습니다. 군주가 자신들에 대해 품은 나쁜 인상을 행동으로 지워야 한다는 점을 잘 알기 때문입니다. 따라서 지나치게 몸을 사려서 군주의 일을 등한시하는 자들보다 그런 사람들[11]이 군주에게 훨씬 더 쓸모 있습니다.

이참에 내부의 호의적인 흐름을 기반으로 새로 국가를 차지한 군주가 반드시 되짚어봐야 할 점을 말씀드리겠습니다. 사람들이 자신에게 어떤 이유로 호의를 보였는지 생각해보시라는 것입니다. 자연스러운 애정을 품어서가 아니라 단지 이전 국가에 만족하지 못해서였다면, 그들을 계속 친구로 두기란 매우 어렵고 힘듭니다. 새로운 군주라고 해서 그들을 만족시킬 수는 없을 테니 말입니다. 고대부터 근래까지 역사에 기록된 사례를 잘 고찰해본다면, 이전 국가에 만족하지 못해서 친구가 되어 국가를 점령할 때 호의를 베푼 사람들보다 이전 국가에 만족해서 적대적이었던 사람들을 같은 편으로 만드는 쪽이 훨씬 더 쉬웠다는 사실을 알 수 있습니다.

군주는 국가를 더 안전하게 지키기 위해 마치 관례처럼 요새를

리아의 초대에 응하지 않아 목숨을 건졌다.
11 자신의 불리한 평판을 바꾸고자 하는 사람들을 가리킨다.

구축해왔습니다. 요새는 군주에 맞서 음모를 꾸미는 사람들에게는 재갈과 굴레로 작용하고, 그들이 불시에 공격할 경우 군주에게는 안전한 피난처가 됩니다. 저는 고대부터 내려온 이러한 방식의 관례를 칭송합니다. 그런데 우리 시대 니콜로 비텔리[12]는 국가를 유지한답시고 치타디카스텔로의 요새 두 곳을 파괴해버렸습니다. 우르비노의 공작 귀도발도[13]는 체사레 보르자에게 쫓겨났다가 자신의 영지로 돌아온 뒤에 요새가 없어야 국가를 또 빼앗길 가능성이 줄어든다고 판단하여 모든 요새를 토대부터 허물어버렸습니다. 볼로냐로 복귀한 벤티볼리오 가문 역시 비슷하게 처리했습니다.[14]

그러니까 요새는 상황에 따라 쓸모 있기도 하고 없기도 합니다. 때로는 당신에게 이롭기도 하지만 때로는 해롭기도 합니다. 다음과 같이 정리하겠습니다. 외세보다 민중이 더 두려운 군주라면 요새를 세워야 합니다. 그러나 민중보다 외세가 더 두렵다면 그렇게 하지 말아야 합니다. 스포르차 가문은 프란체스코 스포르차가 세

---

12 치타디카스텔로 출신의 용병대장(1414~1486)으로, 앞에서 언급한 파올로 비텔리와 비텔로초 비텔리의 아버지다. 1474년 델라 로베레 추기경(나중의 교황 율리우스 2세)에게 패했다가 1482년에 복귀했다. 요새 파괴는 그때의 일이었다.

13 귀도발도 다 몬테펠트로(1472~1508)는 1502년 6월 체사레 보르자에게 축출당했다가 같은 해 10월 용병대장들의 반란(7장 참조)으로 복귀했으나, 12월에 다시 쫓겨나 베네치아로 도망갔다. 결국 1503년 8월 교황 알렉산데르 6세가 죽은 뒤에 우르비노를 되찾을 수 있었다.

14 1506년 교황 율리우스 2세에게 볼로냐에서 축출당한 조반니 벤티볼리오의 자손들은 1511년에 볼로냐를 되찾았다(19장 참조). 그때 그들은 율리우스 2세가 포르타 갈리에라에 구축해놓은 요새를 파괴해버렸다. 한편 국가의 유지를 위해 요새를 파괴하는 것이 낫다는 논지는 《로마사 논고》 2권 24장 참조.

운 밀라노의 성[15] 때문에 역사상 유례를 찾기 힘든 국가적 분쟁을 겪었고, 앞으로도 겪을 것입니다. 그러니 최고의 요새는 민중의 미움을 받지 않는 것입니다. 요새를 갖고 있다 한들 민중이 당신을 미워한다면 요새는 당신을 구해주지 못하는 반면, 민중이 일단 무기를 들면 지원 세력이 될 외부 세력은 언제나 존재합니다.

우리 시대 어떤 군주도 요새 덕을 본 적이 없습니다. 예외가 있다면 포를리 백작 부인의 사례입니다. 그녀는 남편 지롤라모 백작이 죽었을 때 민중의 공격을 피해 일단 요새에 몸을 숨기고, 밀라노의 도움을 기다렸다가 나라를 되찾았습니다. 당시에는 외부 세력이 민중을 지원할 만한 상황이 아니었습니다. 그러나 나중에 체사레 보르자가 공격하고 백작 부인의 적인 민중이 외부 세력과 연합했을 때, 요새는 거의 도움이 되지 않았습니다.[16] 따라서 그때도 그

---

15 밀라노의 군주가 된 현명한 프란체스코 스포르차 백작은 권력을 잡은 직후인 1450년에 요새 건축을 시작했다. 요새는 그가 죽은 후인 1472년에 완성됐다. 스포르차 백작의 이름을 따서 스포르체스코성이라고 부른다. 그런데 후손들은 요새가 안전을 보장하기 때문에 민중을 박해해도 괜찮다고 생각하고 온갖 잔혹한 행위를 저질렀다. 결국 민중의 미움을 받아 프랑스의 침공을 받자마자 국가를 잃었다. 물론 침공을 받았을 때 요새는 안전을 보장하지 못했다. 만일 요새가 없는 상태에서 경솔하게 민중을 박해했다면 위험을 좀 더 일찍 깨닫고 박해를 중지했을 것이다. 그래서 프랑스의 공격에 대해 요새는 있으나 적대적인 민중과 함께 소극적으로 저항하는 것이 아니라, 요새는 없으나 호의적인 민중과 함께 훨씬 더 용감하게 저항할 수 있었을 것이다. 스포르차 가문은 요새에 지나치게 의지한 나머지 국가 유지를 위해 더 신뢰할 만한 방법을 찾지 못했다(《로마사 논고》 2권 24장 참조).

16 프란체스코 스포르차의 손녀인 카테리나 스포르차는 1477년 포를리의 영주 지롤라모 리아리오와 결혼했고 '포를리 백작 부인'으로 불렸다. 1488년 음모자들이 영주를 살해한 뒤에 숙부인 루도비코 스포르차가 이끄는 밀라노 원군이 올 때까지

포를리 백작 부인 초상화(로렌초 디 크레디, 1481)
포를리 백작 부인으로 알려진 카테리나 스포르차는 여러 정치적 동맹과 군사적 위력을 통해
스포르차 가문의 통치권을 유지했다. 당시 여성으로서는 드물게 강력한 권력을 행사했다.

전에도 요새를 갖는 것보다 민중의 미움을 받지 않는 편이 더 안전했을 것입니다. 이 모든 일을 고려할 때, 저는 요새를 세우는 군주와 세우지 않는 군주 모두에게 찬사를 보낼 것이고, 요새를 믿고 민중을 미움의 대상으로 만드는 문제를 가벼이 생각하는 군주는 누구라도 비난할 것입니다.

라발디노 요새에서 저항했다. 요새를 공격한 음모자들이 그녀의 두 아이를 볼모로 잡고 협박하자, 그녀는 요새의 성벽 위에서 성기를 내보이며 아직 아이를 더 낳을 수 있으니 마음대로 하라고 말했다. 음모자들은 요새를 단숨에 점령하지 못했고 그 결과 영구 추방을 당했다(《로마사 논고》 3권 6장; 《피렌체사》 8권 34장 17~18절 참조). 그러나 라발디노 요새는 결국 1500년 1월 12일에 체사레 보르자에게 함락됐다.

21장 군주는 탁월하다는 평가를 받으려면 무엇을 해야 하는가

군주가 높은 평판을 얻기 위해서는 무엇보다 위대한 업적을 달성하고 스스로를 보기 드문 귀감으로 내세워야 합니다. 우리 시대의 사례로는 스페인 왕 페르난도 데 아라곤[1]이 있습니다. 시작은 유약한 왕이었으나 끝은 그리스도교 최고의 명성과 영광을 누리는 왕이 되었으니 가히 새로운 군주라 부를 수 있습니다. 모든 행적이 매우 위대하고 일부는 비범하기까지 합니다. 그는 통치 초기에 그라나다를 공격하는 전쟁을 통해 국가의 탄탄한 토대를 쌓았습니다.[2]

---

1   페르난도 2세를 가리킨다. 아라곤 왕국의 왕자에 불과했던 그는 1469년 카스티야의 이사벨과 결혼하여 1479년 카스티야의 공동 군주가 되었고, 그라나다의 이슬람 왕국을 정복하면서 통일 스페인 왕국의 기틀을 세웠다. 이를 두고 교황 알렉산데르 6세는 그에게 '가톨릭 왕'이라는 칭호를 붙였다(1장 주 7 참조). 1장, 3장, 16장, 18장에서 관련 내용을 거론하고 있다.

2   이 전쟁은 1479년에 시작해 1492년 1월에 끝났다. 그라나다는 스페인 남부 도시로, 8세기 초반부터 무어인이 지배하는 이슬람 왕국에 편입되었다. 이후 그리스도교 세력이 확장하면서 이슬람을 몰아내는 동안 마지막 이슬람 영역으로 남아 있었다. 페르난도 2세는 1479년 왕위에 오른 뒤 곧바로 그라나다 공략을 시작했다.

1476년 게르니카의 비스카야 영주에게 자치법을 내려주는 가톨릭 왕 페르난도 2세
(바스케스 데 멘디에타, 1609)

이사벨 1세 (작가 미상)

페르난도 2세와 이사벨 1세 (작가 미상)

아라곤의 왕 페르난도 2세는 카스티야 왕국의 이사벨 1세와 결혼하여 스페인 통일의 기초를 마련했다.
그라나다를 정복하여 이슬람 세력을 스페인에서 몰아냈고, 종교적 통일을 강화하기 위해 로마 교황청의
권위를 높였다. 이로써 스페인은 가톨릭 국가 정체성을 확립했다. 아래 오른쪽 그림을 보면 상단에
"페르난도와 이사벨, 카스티야 아라곤 왕국의 군주"라고 적혀 있다.

그라나다를 함락시킨 페르난도 2세와 이사벨 1세 (프란시스코 프라디야 이 오르티스, 1882)
페르난도와 이사벨은 1469년에 결혼하여 아라곤과 카스티야를 통합했다.
그들의 통치 아래 스페인은 1492년 이슬람 세력이 점령하고 있던 그라나다를 탈환하여
8세기에 시작한 그리스도교 국가의 재정복 기획인 '레콩키스타'를 완성했다.

우선 그는 다른 사람의 간섭 따위는 전혀 걱정하지 않으면서 여유 있게 전쟁을 수행했습니다. 카스티야 봉건 영주들을 전쟁에만 전념하도록 만들었고, 그래서 그들은 전쟁 문제에만 몰두하느라 개혁[3]은 엄두도 내지 못했습니다. 그가 명성을 얻는 사이에 귀족들은 눈치도 못 채고 권력을 뺏겼습니다. 그는 교회와 민중의 돈[4]으로 군대를 육성했고, 긴 전쟁을 치르는 동안 군대의 기초를 세울 수 있었으며, 그렇게 조직된 군대는 훗날 탄탄한 명예를 안겨주었습니다.

페르난도 왕은 더 큰 과업에 손을 대기 위해 항상 종교를 끌어들여 경건한 잔인함[5]을 지향했습니다. 자기 왕국에서 마라노[6]를 추방하고 약탈한 일은 유례를 찾기 힘들 정도로 끔찍하고 유별납니다. 똑같은 명분을 내세워[7] 아프리카를 공략했고, 이탈리아에서 전쟁을 벌였으며, 최근에는 프랑스를 공격했습니다.[8] 항상 거창한 일을 계획하고 실행하는 왕을 지켜보는 신민들은 늘 사태의 귀추를

---

3   정치 혁명 또는 반란을 뜻한다.

4   이슬람 치하의 그라나다에 대한 페르난도 2세의 공격은 십자군 전쟁의 성격을 띠었고, 그에 따라 교황청과 신도들의 자금 지원을 받았다.

5   경건한 종교를 핑계로 하여 잔인한 일을 저질렀다는 뜻이다.

6   마라노marrano는 스페인어로 '돼지'를 뜻하며, 이베리아반도에서 그리스도교로 개종한 유대인이나 이슬람 신자를 비하하여 부르는 용어로 사용했다. 그라나다를 정복한 페르난도 2세는 1501년부터 1502년까지 마라노들을 대거 쫓아냈다.

7   종교를 핑계로 내세워.

8   페르난도 2세는 1509년 아프리카 서북부 해안을 공략했고 1504년에는 나폴리를 점령했다(1장과 3장 참조). 1512년에는 신성 동맹에 합류하는 한편 피레네산맥의 나바라를 차지하기 위해 프랑스와 전쟁을 벌여 나바라 일부를 빼앗았다.

주목하면서 긴장과 경이감에 사로잡혀 있었습니다. 사건과 사건이 빈틈이 없을 정도로 연달아 이어졌기 때문에 누구도 왕에게 맞서 반란을 시도할 여유가 없었습니다.

군주는 대내적으로도 보기 드문 귀감으로 보여야 합니다. 밀라노 사람 베르나보[9]처럼 말입니다. 그는 좋은 일이든 나쁜 일이든 시민들의 일상에서 무언가 특별한 일을 한 사람이 나타나면 상을 내리거나 벌을 주어 그 이야기가 오랫동안 사람들 입에 오르내리게 했습니다. 무엇보다 군주는 자신이 비범한 재능을 지닌 위대한 인물이라는 명성을 얻도록 행동으로 노력해야 합니다.

군주는 누군가의 진정한 친구이거나 진정한 적이 될 때, 즉 어느 군주에 반대하여 다른 군주를 지지한다고 밝힐 때 대단한 존경을 받습니다. 이 전략은 언제나 중립보다 유익합니다. 이웃한 두 세력이 전쟁을 하게 되어 하나가 승리하면, 당신은 승자를 두려워해야 하거나 그렇지 않은 처지가 되기 때문입니다.[10] 어느 쪽이든, 자신의 입장을 밝히고 당당하게 전쟁에 개입하는 편이 항상 더 낫습니다. 첫 번째 경우[11], 당신이 입장을 드러내지 않으면 언제나 이긴 쪽의 전리품이 되고 보호를 받지도 피난처를 얻지도 못할 것입니다. 진 쪽은 만족하고 기뻐하겠지만 말입니다. 이긴 쪽은 역경에 처

---

9 베르나보 비스콘티(1323~1385)는 1354년부터 1385년까지 밀라노의 영주였다. 행동이 기이하고 품성이 잔인했지만 뛰어난 정치 역량을 보여준 군주로 알려졌다.
10 "그렇지 않은 처지"란 승자를 두려워하지 않아도 되는 경우를 가리킨다. 뒤에 이에 관한 설명이 이어진다.
11 승자를 두려워해야 하는 경우를 가리킨다.

했을 때 자기를 돕지 않은 의심스러운 친구를 원하지 않고, 진 쪽도
자신들과 운명을 함께하며 손에 무기를 들고 달려가지 않은 당신
을 받아들이지 않을 테니까요.

안티오코스[12]는 아이톨리아인의 요청으로 로마인들을 몰아내기
위해 그리스로 들어갔습니다.[13] 안티오코스는 로마의 동맹이었던
아카이아에 사절을 보내서 중립을 지키라고 권고했고, 반면 로마
는 자기들 편에 서서 무기를 들라고 아카이아를 설득했습니다. 이
문제를 논의하기 위해 열린 아카이아의 평의회에서 안티오코스의
사절이 중립을 지키라고 아카이아를 설득하자, 로마 사절이 [아카
이아 측에] 이렇게 말했습니다. "안티오코스는 당신들이 전쟁에 개
입하지 않는 게 최선이라고 말하지만, 당신들에게는 최악의 손해
가 될 것입니다. 당신들은 그 어떤 감사나 존중도 받지 못한 채 승
자의 전리품이 될 것입니다."[14] [무릇] 친구가 아니라면 언제나 당
신이 중립으로 남기를 원할 것이고, 친구라면 무기를 들어 입장을
밝히라고 요구할 것입니다. 우유부단한 군주는 당장 눈앞에 맞닥
뜨린 위험을 피해보려고 중립으로 남고자 하지만, 대부분은 파멸
하고 맙니다.

그러나 군주가 어느 한쪽을 지지한다고 당당하게 밝힐 때, 편을
든 쪽이 이기고 세력이 강해져서 당신이 그쪽 재량에 맡겨진다고

---

12 셀레우코스 제국의 안티오코스 3세를 가리킨다(3장 참조).
13 기원전 192년의 일이다(3장 및 《리비우스 로마사 4》 35권 48~49장 참조).
14 퀸크티우스의 발언이다(3장 및 《리비우스 로마사 4》 35권 49장 13절 참조).

하더라도 그쪽은 당신에게 부담을 갖기 마련이라서 우호적인 관계가 체결됩니다. 원래 인간이란 지나치게 배은망덕하게 행동하면서 당신을 억압할 만큼 저열하지는 않습니다.[15] 게다가 승자가 정의롭게 행동하지 않아도 될 만큼 결정적인 승리는 없습니다. 당신이 지지하는 자가 패하더라도 그자는 당신을 받아들이고[16], 할 수 있는 한 당신을 돕고, 당신이 다시 일어날 수 있는 운의 동반자가 될 것입니다.

두 번째의 경우, 즉 서로 싸우는 자들의 면면을 봐서 승자를 두려워하지 않아도 될 때는 (전쟁에) 개입하는 것이 훨씬 더 현명합니다.[17] 한쪽의 도움을 받아 다른 쪽이 패배하는 데 당신이 기여하는 셈이 되기 때문입니다(한쪽(승자)이 현명하다면 상대방(패자)을 그대로 둘 것입니다[18]). 어찌 되었든 당신이 도우면 승리할 수밖에 없고, 당신의 도움을 받아 이기면 도움을 받은 쪽은 당신의 처분에 따를 것입니다.

---

15 마키아벨리 자신이 앞서 한 언급(17장 및 18장)과 어긋나는 것으로 보일 수 있다. 위 구절은 인간의 일반적 성향보다는 특정 상황에서 할 처신에 대한 내용으로 볼 수 있다. 대개 사람들은 배은망덕한 행동이 이익이 되지 않기 때문에 그렇게 처신하지 않을 정도의 생각은 한다는 뜻이다.

16 보호해줄 것이고.

17 여기서 현명함은 곧 신중함을 뜻한다. 전쟁 개입 결정이 신중한 처리라는 뜻이다. 《군주론》 전체에서 신중함에 대해 적극 논의한다(특히 3, 6, 9, 17, 22, 23, 25장 참조).

18 승자가 현명하다면 패자를 더 공격하기보다는 그대로 놔둔다는 뜻이다. 그 이유는 바로 다음 문단에 나오듯, 패자를 더 제압해도 승자는 자신보다 더 강한 자(즉, 자신을 도운 자)의 영향 아래 들어가기 때문이다. 지금 마키아벨리가 "당신"이라고 지시하는 군주는 전쟁의 두 당사자보다 강하다는 점을 염두에 두자.

앞서 말씀드린 대로 군주는 어쩔 수 없는 경우가 아니라면 다른 군주를 공격하기 위해 자기보다 더 강한 쪽과 연합해서는 안 된다는 점을 잊어서는 안 됩니다. 당신이 이긴다고 해도 그(자기보다 더 강한 쪽)의 포로 신세가 되기 때문입니다. 군주는 타인의 재량에 맡겨지는 상황을 가능한 한 피해야 합니다. 베네치아인들은 밀라노 공작에 대항하여 프랑스와 손을 잡았습니다만, 동맹을 맺지 않고도 상황을 피할 수 있었습니다.[19] 결국 그들은 동맹으로 몰락하고 말았습니다. 그러나 교황과 스페인이 군대를 이끌고 롬바르디아를 공격했을 때 피렌체인들이 처했던 상황처럼 동맹을 피할 수 없는 경우라면 군주는 전쟁에 개입해야 합니다.[20] 그 이유도 앞서 말씀드렸습니다.

어떤 국가도 혼자 안전한 선택을 할 수 있다고 믿어서는 안 됩니다. 오히려 그 안전한 정책을 의심스러운 눈으로 바라봐야 합니다. 위험 하나를 피하려고 하면 다른 위험에 휩쓸리기 마련입니다. 신중함이란 위험의 성격을 인지하고 차악을 선택할 줄 아는 능력입니다.

군주는 재능[21] 있는 사람들을 환대하고 특정 영역에서 탁월한 기술을 가진 사람들을 우대하는 모습을 드러내서 군주 자신이 덕

---

19 3장 참조.

20 율리우스 2세와 아라곤의 페르난도 2세가 1512년 롬바르디아를 공격했을 때를 가리킨다. 이때 피렌체는 그들을 지지하지 않았고, 롬바르디아를 점령하고 있던 프랑스의 루이 12세 쪽에 서지도 않았다. 그렇게 어정쩡한 태도를 취한 결과 피렌체 공화국은 쇠락하게 된다.

을 사랑하는 사람이라는 것을 보여줘야 합니다. 이뿐만 아니라 상업과 농업을 포함한 모든 생업에서 시민들이 자기 일을 평안하게 할 수 있도록 격려해야 합니다. 혹시라도 빼앗길까 봐 축재를 두려워하는 사람이 없어야 하고, 세금을 많이 낼까 봐 새로운 거래를 주저하는 사람도 없어야 합니다. 오히려 군주는 그런 일을 하려는 사람, 어떤 방식으로든 도시나 국가를 부강하게 만들려는 사람에게 상을 주어야 합니다. 또 한 해의 적당한 시기에 민중이 축제와 볼거리를 즐길 수 있도록 해야 합니다. 동업 조합이나 구역으로 나뉘어 있는 도시의 다양한 집단과 때때로 모임을 가져야 하고, 자신을 인간성과 아량이 넘치는 모범으로 보여줘야만 합니다. 동시에 자신의 신분에 걸맞은 위엄을 확고하게 유지해야 합니다. 어떤 일에서도 위엄이 없어서는 안 되기 때문입니다.[22]

---

21 여기서는 특히 예술과 문학의 재능을 가리킨다.
22 모든 황제와 교황이 위엄을 제대로 지키는 것은 아니다(19장 참조).

22장   군주의 측근 가신들에 대하여[1]

가신을 선택하는 일은 군주에게 매우 중요한 일입니다. 가신이 훌륭한지 아닌지는 군주의 신중함에 달려 있습니다. 군주가 얼마나 지혜로운지 가늠하려면 우선 주변 인물들을 살펴보면 됩니다. 그들이 유능하고 충성스럽다면 군주를 현명하다고 판단할 수 있습니다. 유능한 자들을 알아보고 내내 충실하게 만드는 법을 안다는 뜻이기 때문입니다. 그렇지 않다면 군주를 높이 평가할 수 없습니다. 군주가 범하는 첫 번째 실수는 부적절한 사람을 주변 인물로 임명하는 것이기 때문입니다.

안토니오 다 베나프로[2]는 시에나 영주 판돌포 페트루치의 가신

---

1 "측근"은 '비밀'을 뜻하는 라틴어 'secretis'의 번역어다. "측근 가신"이란 군주들이 비밀을 위해 데리고 있는, 즉 내밀한 일을 담당하는 고위 관리를 의미한다. 현대 이탈리아어로 '세그레타리오segretario'에 해당하는 의미인데, 장관과 비서를 겸하는 자를 지칭하는 것으로 보인다. '관리', '장관', '신하' 등으로 옮길 수도 있다.

2 안토니오 조르다노(1459~1530)를 가리킨다. 베나프로 출신의 저명한 법학자이자 외교관으로, 판돌포의 가신이 되기 전에 시에나대학의 교수였다.

이었습니다. 그를 아는 사람이라면 누구나 그런 인물을 가신으로 둔 판돌포를 매우 유능하다고 판단할 것입니다. 지력으로 보아 인간은 세 가지 부류가 있습니다. 첫째는 스스로 이해하는 부류이고, 둘째는 다른 사람들이 이해한 것을 파악하는 부류이며, 셋째는 스스로는 물론이고 다른 사람들을 통해서도 이해하지 못하는 부류입니다. 첫째가 가장 탁월하고, 둘째 역시 탁월하지만, 셋째는 무익합니다. 판돌포의 지력이 첫째 수준에 미치지 못한다 해도 분명 적어도 둘째 수준에는 속할 것입니다. 스스로 이해하는 능력은 없어도 다른 사람들의 행동과 말에서 선악을 가려내는 판단력을 갖춘 군주는 가신이 한 일이 좋은지 나쁜지를 알아볼 수 있습니다. 잘한 일을 보상하고 못한 일을 바로잡으면, 가신은 감히 군주를 속일 엄두를 내지 못하고 알아서 잘하려고 부단히 노력합니다.

군주가 절대 실패하지 않고 가신을 알아볼 방법이 있습니다. 군주보다 자기 자신을 더 생각하고 무엇을 하든 자신의 이익을 찾는 사람이라면 절대 좋은 가신이 아니며, 당신도 그를 신뢰하지 못할 것입니다. 누군가의 국가를 손에 넣고 있는[3] 사람은 언제나 자기 자신이 아니라 군주를 생각해야 하며, 군주와 관련이 없는 일은 아무것도 떠올리지 말아야 합니다. 이에 군주는 가신이 계속 충성하도록 그를 우대하고 부를 누리게 하며 명예와 관직을 수여하는 등 여러모로 생각해주어야 합니다. 그렇게 하면 그가 군주 없이는 자기 자리에 앉아 있을 수 없다는 사실을 알게 되고, 이미 많은 명예

3　하나의 군주국을 관리하는.

와 부를 얻었으니 더 바라지도 않을 것이며, 자신이 맡은 많은 관직을 잃을까 염려하여 변화[4]를 두려워하게 될 것입니다. 이런 관계를 맺은 군주와 가신은 서로를 신뢰할 수 있습니다. 그렇지 않다면 어느 한쪽은 해로운 결말을 맞게 될 것입니다.

4 정권 교체의 의미가 있다.

23장   아첨꾼은 어떻게 피하는가

한 가지 중요한 논점을 대충 넘어가고 싶지 않습니다. 군주가 충분히 신중하지 않거나 훌륭한 선택을 하지 않는다면 피하기 힘든 과오입니다. 바로 궁정에 가득 찬 아첨꾼에 대한 것입니다. 자기 일을 지나치게 즐거워하여 자기기만에 빠지다 보면 아첨이라는 전염병에서 자신을 지키기 어렵습니다. 또한 아첨에서 자신을 지키려다 보면 얕보이게 될 위험에 빠지기도 합니다. (이유는 이러합니다.) 아첨에서 자신을 지킬 유일한 방법은 진실을 말해도 당신이 결코 불쾌하게 여기지 않는다는 사실을 사람들이 깨닫게 하는 것입니다. 그러나 모든 사람이 당신에게 진실을 솔직하게 말할 수 있게 된다면 당신을 향한 존경심은 사라질 것입니다.

따라서 신중한 군주는 현명한 인물들을 뽑은 뒤, 그들에게만 자유롭게 진실을 말할 권리를 주는 제3의 방법을 선택해야 합니다. 다만 군주의 질문에만 답하고 다른 일에는 아예 말하지 못하게 해야 합니다. 그와 함께 군주는 모든 일에 대해 질문하고 그들의 견해를 들은 뒤에 군주 본인의 방식으로 결정해야 합니다. 나아가 군주는 조언자들이 자유롭게 말할수록 더 잘 받아들여진다는 생각이 들게끔 행동해야 합니다. 하지만 자신이 선임한 사람을 제외한 누구의 말에도 귀를 기울여서는 안 되고, 결정한 일은 곧바로 추진하며, 자신이 내린 결정을 번복해서는 안 됩니다. 이렇게 처신하지 않는 군주는 아첨꾼들에게 휩싸여 몰락하거나 서로 다른 조언을 듣고 결정을 자주 바꾸어 결국 좋지 않은 평판을 듣게 됩니다.

이와 관련하여 최근의 사례를 말씀드리고자 합니다. 루카 신부[1]는 자신의 주군 막시밀리안 황제[2]가 누구와도 상의하지 않고, 그렇다고 무엇 하나 주군의 방식대로 하는 법도 없다고 말했습니다. 제가 앞서 말씀드린 내용과 정반대로 행동하는 경우입니다. 비밀에 둘러싸인 황제는 자신의 계획을 누구와도 주고받지 않고 어떤 조언도 듣지 않습니다. 그러나 실행 과정에서 계획이 알려지고 주위 사람들이 반대하기 시작하면[3] 성격이 무른 황제는 쉽사리 설득당해서 계획을 포기합니다. 그래서 하던 일을 바로 다음 날 그만두기도 하고, 그가 원하거나 계획하는 일이 무엇인지 아무도 알지 못하게 되며, 결국에는 누구도 그의 결정을 신뢰하지 못하게 됩니다.

그러므로 군주는 언제나 조언을 구해야 합니다. 단, 남이 원할 때가 아니라 자신이 원할 때 구해야 합니다. 요구하지도 않았는데 누

---

1 트리에스테 주교 루카 리날디를 가리킨다. 그는 1507년부터 1508년까지 티롤 지방에 있는 막시밀리안 황제의 궁정으로 파견되었는데, 이때 마키아벨리를 만났다.

2 막시밀리안 1세를 가리킨다. 혼인 정책과 외교 조약, 군사적 압력을 통해 합스부르크 왕가를 유럽의 주축 세력으로 만든 신성 로마 제국 황제다.

3 주변의 참모진이 계획을 다르게 실행하라고 조언한다는 뜻이다.

공작 문장(야콥 메넬, 《황제 막시밀리안 게부르츠슈피겔》(1518) 속 삽화)
막시밀리안 1세는 혼인 정책과 외교 조약, 군사적 압력을 통해 합스부르크 왕가를
유럽의 주축 세력으로 만들었다. 그림 속 삼중 왕관을 쓴 공작의 펼쳐진 날개 아래로,
결혼을 통해 합스부르크 왕가와 연결된 14개 유럽 왕국의 문장이 놓여 있다.

군가 조언을 하려 한다면 그런 마음을 먹지 못하게 막아야 합니다. 군주는 널리 질문을 던지는 사람이 되어야 하고, 인내심을 갖고 자기 질문에 대한 답의 진실을 들어야 합니다. 그리고 누군가가 어떤 이유에서든 진실을 말하지 않는다는 것을 알게 되면 분노해야 합니다. 어떤 군주가 현명하다는 평판을 듣는 이유는 본성 때문이 아니라 주변의 좋은 조언을 받아들이기 때문이라고 여기는 사람이 많은데, 이는 분명 잘못된 생각입니다. 군주 자신이 현명하지 못하면 좋은 조언을 얻기 어렵기 때문입니다. 이는 명명백백한 보편적 법칙입니다. 예외가 있다면 어쩌다 군주가 매사에 신중한 조언자를 곁에 두고 전적으로 신뢰하는 경우인데, 이런 경우 적절한 조언을 듣긴 하겠지만 오래가지는 못합니다. 그 조언자가 〔얼마 안 가〕 쉽사리 국가를 빼앗을 수 있기 때문입니다.

현명하지 못한 군주가 여러 사람에게 조언을 받는다면 늘 상충하는 조언을 듣게 될 뿐만 아니라 조언을 하나로 담아내지도 못할 것입니다. 조언자들은 하나같이 각자의 이해관계를 우선시할 테고, 군주는 그것을 알아차리거나 제어할 수 없기 때문입니다. 조언자들은 달라질 수가 없습니다. 어떤 필요 때문에 선해지지 않는 한, 언제든지 당신을 형편없는 사람으로 만들어버릴 테니까요. 그러므로 군주가 신중해야 누구에게서든 관계없이 좋은 조언이 나오는 것이지, 좋은 조언을 해서 군주가 신중해지는 것은 아니라고 결론지을 수 있습니다.

24장

왜 이탈리아 군주들은 국가를 잃었는가

앞서 말씀드린 내용[1]을 신중하게 지키기만 한다면 새로운 군주는 오래된 군주처럼 보일 것이고, 국가 권력은 단기간에 세습 군주일 때보다 더 안전하고 확고해질 것입니다. 새로운 군주의 행적은 세습 군주의 행적보다 훨씬 더 주목의 대상이 되기 때문입니다. 더군다나 역량이 있다고 인정받은 새로운 군주는 혈통이 오래된 군주보다 사람들을 훨씬 더 잘 사로잡고 훨씬 더 강하게 결속시킵니다. 사람이란 과거보다 현재의 일에 더 끌리는 법이라 현재 상황이 좋으면 그것을 즐기고 다른 일에 눈을 돌리지 않기 때문입니다. 새로운 군주가 다른 과오를 범하지 않는다면 사람들은 군주를 지키기 위해 무슨 일이든 하려 합니다. 그리하여 새로운 군주는 새로운 군주국을 세웠을 뿐 아니라 좋은 법률과 좋은 군대와 좋은 본보기로 나라를 보완하고 강화했다는 이중의 영광을 얻습니다. 세습 군주가 현명하지 못하여 국가를 잃으면 이중으로 치욕을 겪는 이치와

---

1 지금까지 기술한 모든 내용을 가리킨다(특히 21~23장 참조).

같습니다.

나폴리 왕[2], 밀라노 공작[3]처럼 우리 시대 이탈리아에서 국가를 잃은 군주들을 살펴보겠습니다. 첫째, 앞서 말씀드린 여러 이유를 보시면 그들 모두 군대에 취약했다는 사실을 발견하실 수 있습니다. 둘째, 그들 중 누군가는 민중의 적의를 샀거나 호의를 받았더라도 귀족의 지지는 어떻게 확보해야 하는지 몰랐다는 사실도 발견하실 수 있습니다. 그런 결점이 없다면 군대를 전장으로 이끌 수 있을 만큼 국력이 강한 나라를 잃을 리가 없기 때문입니다. 마케도니아의 필리포스, 즉 알렉산드로스의 아버지가 아니라 티투스 퀸크티우스[4]에게 패배한 필리포스[5]의 국가는 자기를 공격한 위대한 그리스와 로마에 비해 별로 크지 않았습니다. 그런데도 그는 군인다운 인물이었고, 민중을 어떻게 사로잡는지, 귀족에게서 어떻게 안전을 확보하는지 알았기 때문에 오랫동안 전쟁을 수행할 수 있었습니다. 끝에 가서 일부 도시의 지배권을 잃기는 했어도 여전히 자신의 왕국은 유지할 수 있었습니다.

그러므로 군주국을 오랫동안 다스리다가 잃어버린 군주들은 운

2 아라곤의 왕 페데리코 1세를 가리킨다. 나폴리 왕(재위 1496~1501)을 겸했다. 1501년 페르난도 2세와 루이 12세에게 폐위되었다(3장 참조).
3 '무어인'으로 불리던 루도비코 스포르차를 가리킨다(3장 참조).
4 티투스 퀸크티우스(기원전 227?~174)는 기원전 198년에 로마의 집정관이 되었고, 다음 해에 로마군을 이끌고 마케도니아의 필리포스 5세를 무찔렀다.
5 필리포스 5세를 가리킨다(3장 참조). 그는 기원전 197년에 키노스케팔라이 전투에서 패배했다(《로마사 논고》 2권 4장, 3권 10장 참조). 알렉산드로스 대왕의 아버지는 필리포스 2세다.

명이 아니라 스스로의 나태함을 탓해야 합니다. 그들은 평온한 시기에는 상황 변화를 전혀 생각하지 않고 있다가(평온할 때 폭풍을 염려하지 않는 것이야말로 사람들의 공통적인 결점입니다), 나중에 역경이 닥치자 달아날 궁리만 했을 뿐 방어할 생각은 하지도 않았고, 더구나 민중이 정복자의 오만불손함에 지친 나머지 자기를 다시 불러주리라는 기대도 했습니다. 다른 대책이 없다면 좋을 수도 있겠지만 그렇게 하려고 다른 해결책을 무시하는 일은 도무지 사리에 맞지 않습니다. 누군가 잡아 일으켜주겠지 기대하며 넘어지는 사람은 없습니다. 그런 일이 일어나든 안 일어나든 그런 생각은 당신의 안전을 도모해주지 않습니다. 그런 방어책은 저급합니다. 당신이 당신 자신에게 의존하지 않기 때문입니다. 오로지 당신과 당신의 역량에 의존하는 방어책만이 훌륭하고 확실하며 지속성이 있습니다.

25장

운은 인간사에서 얼마나 큰 힘을 행사하고,
인간은 운에 어떻게 대처할 수 있는가

많은 사람이 세상일은 운[1]과 하느님[2]이 지배하기 때문에 인간이 신중하게 행동한다 해서 바뀌는 것은 아니며 어떠한 대비책도 없다고 줄곧 생각해왔고 지금도 그렇게 생각하고 있습니다. 저도 이런 사실을 모르지는 않습니다. 따라서 세상사에 그렇게 애쓸 것이 아니라 운이 지배하는 대로 놔둬야 한다고 판단할 수도 있습니다. 우리 시대에 그런 견해가 더 큰 설득력을 얻는 이유는 예상을 뛰어넘는 세상사의 가변성을 매일같이 보았고, 지금도 보고 있기 때문입니다.[3] 이런 점을 생각하다가 저 역시 어느 정도 사람들의 견해 쪽으로 기울어진 적이 있습니다. 그러나 운이 우리 행동의 절반을 결

1 　운명의 여신 포르투나로 의인화하여 이해할 수 있다(헌사의 편지 주 4 참조).
2 　초기 필사본인 찰코트Charlecote본에는 "하느님"이라는 낱말이 없으며 후세에, 특히 1532년 판본부터 첨가되었을 가능성이 있다. 이번 장에서 '하느님'에 대한 특별한 논의는 없다.
3 　특히 샤를 8세의 이탈리아 침입이 시작된 1494년 이래 이탈리아가 겪고 있던 혼란한 상황을 가리킨다.

정하더라도, 나머지 절반은 우리 인간의 자유의지를 살려 우리가 지배할 수 있게 하자는 주장이 진실이라고 생각합니다.

저는 운을 물살이 거센 강에 비유합니다. 그 강은 분노하면 들판으로 범람하고 나무와 건물을 무너뜨리며, 이편의 흙을 들어내 저편으로 옮깁니다. 그 앞에서는 아무도 달아나지 못하고 기세를 저지할 방법도 없어서 결국 굴복하고 맙니다. 비록 그렇다고는 해도 평온한 시기에 수로와 제방을 쌓아 훗날 강이 차오를 때 물줄기를 운하를 통해 흘러가게 하는 등 무자비하고 큰 피해를 보지 않도록 대비할 방법이 없는 것은 아닙니다.[4]

비슷한 맥락에서 운에도 개입할 수 있습니다. 운은 자신에게 대항할 만큼의 역량이 조직되어 있지 않은 곳에서 위력을 떨치며, 자신을 제지할 제방과 수로가 하나도 없는 지점을 알아채고 그곳으로 힘을 돌립니다. 그런 변화의 근원이자 무대인 이탈리아를 살펴보십시오. 제방 하나, 수로 하나 없는 벌판이라는 사실을 아실 것입니다. 만일 이탈리아가 독일, 스페인, 프랑스처럼 적절한 역량을 쌓고 대비했다면, 홍수가 일어났어도 그렇게 커다란 격변을 초래하지는 않았을 것입니다. 어쩌면 홍수가 아예 일어나지 않았을지도 모릅니다. 운에 대처하는 일반적인 내용은 이것으로 충분하다고 생각합니다.

그러나 좀 더 구체적인 경우로 좁혀서 본다면, 군주의 성격이나

---

4 피렌체를 관통하는 아르노강은 잦은 범람으로 피렌체 시민들을 위협했다. 마키아벨리의 비유는 그 점을 염두에 둔 듯하다.

소년과 포르투나 (피에르 부용, 1800~1831년경)
포르투나는 대부분 여신의 모습으로 형상화되며 젊은이에게 끌린다.
마키아벨리는 남성의 단호한 결단과 행동이 포르투나와 맞서는 데 필요한 역량이라고 말한다.

능력은 전혀 변하지 않았는데 오늘 흥한 나라가 내일 망하는 모습을 목격하게 됩니다. 이런 일은 앞서 상세하게 말씀드린 이유 때문에 발생한다고 믿습니다. 즉, 전적으로 운에 의존하는 군주는 운이 바뀌면 몰락하게 된다는 말씀입니다. 또한 행동하는 방식이 시대의 상황과 일치하는 군주는 번영하고, 시대와 어울리지 않는 군주는 실패한다고 믿습니다. 사람은 자신이 추구하는 목표, 즉 영광과 부에 각자 상이한 방식으로 접근합니다. 누구는 신중하게, 누구는 충동적으로, 누구는 과감하게, 누구는 영악하게, 누구는 참을성 있게, 또 누구는 반대로 하면서 서로 다른 방식으로 목적지에 도달할 수 있습니다. 그런데 두 명이 똑같이 신중하게 행동했더라도 누구는 목표를 달성하고 누구는 그러지 못합니다. 또 누구는 신중하게, 누구는 격정적으로[5], 서로 달리 행동했더라도 둘 다 성공하기도 합니다. 이는 오로지 자기 행동을 시대 상황에 어울리게 맞추거나 맞추지 못하기 때문입니다.

바로 이로부터 흥망성쇠가 거듭됩니다. 만일 어떤 사람이 신중하고 참을성 있게 행동하고 시대와 상황이 그의 행동 방식에 어울리게 돌아간다면 그는 성공합니다. 그러나 방식을 바꾸지 않으면 시대와 상황이 다시 변화할 때 실패할 것입니다. 모든 변화에 맞춰 유연하게 행동하는 방법을 알 만큼 지혜로운 사람은 없습니다. 본성이 이끄는 방식에서 벗어나기 힘들어서이기도 하고, 어느 길을 걸으면서 항상 성공을 거뒀다면 그 길에서 떠나는 것이 바람직하

---

5   적극적으로.

지 않다고 생각해서이기도 합니다. 그래서 신중한 사람은 격정적으로 행동해야 할 때가 와도 그렇게 할 줄 몰라서 몰락합니다. 그러나 시대와 상황에 맞게 자신의 성격을 변화시킬 수 있다면 운에는 변화가 없을 것입니다.[6]

모든 일을 과감하게 추진한 교황 율리우스 2세의 방식은 시대 상황과 적절하게 맞았기에 항상 성공할 수 있었습니다. 조반니 벤티볼리오가 아직 살아 있었을 때, 교황이 볼로냐를 상대로 추진한 첫 원정[7]을 생각해보시기 바랍니다. 베네치아인들은 그 계획에 반대했고, 스페인 왕[8] 역시 반대했으며, 프랑스[9]와도 마찰을 빚었습니다. 그럼에도 교황은 특유의 대담함과 과감함을 보란 듯 과시하며 독자적으로 원정을 실행했습니다. 스페인과 베네치아는 꼼짝도 못하고 이 움직임을 지켜볼 수밖에 없었습니다. 베네치아는 두려워했고, 스페인은 나폴리 왕국 전체를 차지하려는 욕심으로 달리 행동할 수 없었기 때문입니다. 반면에 프랑스는 교황의 뒤를 따랐습니다. 베네치아의 영향력을 축소하고 교황과 관계를 개선하고자 했던 프랑스 왕은 교황의 군사 지원 요청을 거부하면 공개적인 모욕을 받을 수밖에 없다고 판단했습니다.

6 행운이 따르는 데 변화가 없다는, 즉 언제나 성공한다는 뜻이다.
7 1506년 9월에 율리우스 2세는 페루자에 무혈입성했고, 여세를 몰아 그해 11월에 조반니 벤티볼리오가 다스리던 볼로냐까지 점령했다(《로마사 논고》 1권 27장 참조).
8 아라곤 왕 페르난도 2세를 가리킨다.
9 루이 12세를 가리킨다.

이처럼 교황 율리우스 2세는 품성이 신중한 교황이라면 절대로 할 수 없을 과감한 행동으로 일을 추진했습니다. 다른 교황이라면 확고한 결론이 나고 모든 것이 조직되기를 기다렸다가 로마를 떠나려 했겠지만, 그렇게 했다면 그는 절대 성공하지 못했을 것입니다. 프랑스 왕은 갖가지 변명으로 군대 파견을 거절했을 테고, 다른 나라들은 교황이 두려워하는 상대가 되었을 테니까요. 교황은 비슷한 행동으로 끝도 없이 비슷한 성공을 거두었기 때문에 다른 행동에 대해서는 더 말씀드릴 필요가 없을 것 같습니다. 짧은 생애[10] 덕분에 그는 정반대의 상황은 겪지 않았습니다.[11] 만일 조심해서 행동해야 하는 시대가 왔다면 그는 몰락할 수밖에 없었을 것입니다. 본성이 이끄는 방향에서 결코 벗어나지 못했을 테니까요.[12]

운은 가변적인데 인간은 자신의 방식을 고집하므로, 서로 일치하면 성공해서 행복을 맛보고 그렇지 못하면 실패해서 불행해진다고 결론을 맺고자 합니다. 저는 조심스러운 편보다는 과감한 편이 더 낫다고 확신합니다. 운은 여자라서 지배하고 싶다면 때리고 세게 부딪쳐야 하기 때문입니다. 또한 운은 냉정하게 행동하는 사람보다는 과단성 있게 행동하는 사람에게 더 쉽게 복종한다는 점은

---

10 율리우스 2세는 70세까지 살았기에 단명했다고 볼 수는 없다. 10년의 재위 기간 (1503~1513)도 당시 다른 교황에 비해 짧지 않았다. 인간의 삶은 짧다고 하는 일반적 의미로 이해할 수 있다.

11 실패를 맛보지 않았다는 뜻이다.

12 모든 일을 과감하게 밀어붙이는 타고난 본성과 다른 행동을 하지 못했을 거라는 뜻이다.

분명합니다. 운은 여자이기에 항상 젊은 남성들에게 이끌립니다. 젊은 남성들은 덜 조심스럽고 더 공격적이며 더 대담하게 그녀를 다루고 제어하기 때문입니다.[13]

---

13 운으로 번역한 '포르투나'는 인간의 행운과 불운을 결정하는 로마의 여신이었다. 가변적이고 예측할 수 없는 여신의 행태를 여성의 기질로 여겼다면, 역량은 운명의 여신에 대항할 수 있는 남성적 활력이나 능력으로 간주했다. 운이 젊은 남성에 호의적이라는 마키아벨리의 생각은 그의 희곡《클리치아》4막 1장에도 나온다. "오, 운이여, 그대는 여인이니 언제나 청년을 벗으로 삼지 않는가?"

26장

이탈리아를 지키고 야만인들[1]에게서
해방시키기를 촉구함

저는 새로운 군주에게 영광을 가져다줄 시대가 현재 이탈리아에 도래하고 있는지, 신중하고 역량 있는 군주에게는 영광을, 모든 민중에게는 안녕이라는 형상을 만들어줄 질료[2]가 있는지, 앞서 논의한 모든 사항을 고려하면서 스스로 곰곰이 생각해보았습니다. 지금보다 더 적합한 시대가 있었던가 싶을 정도로 현재 여러 상황이 새로운 군주에게 유리하게 흘러가고 있는 듯 보입니다.

앞서 말씀드렸듯이[3] 모세의 역량을 파악하기 위해서 이스라엘 민족이 이집트에서 노예가 되어야 했고, 키루스의 위대한 정신을 알기 위해서 페르시아인들이 메디아인에게 억압받아야 했으며, 테세우스의 탁월함을 깨닫기 위해서 아테네인들이 뿔뿔이 흩어져야

---

1 외국인들을 포괄적으로 가리킨다.
2 아리스토텔레스의 형상과 질료 개념을 빌려온 듯하다. 질료는 형상을 갖추면서 비로소 일정한 개체가 된다. 여기서 말하는 질료란 민중 계급이 사회의 전반적 안정에 기여할 자체의 물적 토대를 가리킨다.
3 6장 참조.

했습니다. 마찬가지로 현재 이탈리아의 정신 역량을 알기 위해서는 이탈리아가 현재와 같은 절망적인 상태로 전락해야 했습니다. 이탈리아인들은 이스라엘 민족보다 더 심하게 예속되어 있고, 페르시아인들보다 더 억압받고 있으며, 아테네인들보다 더 흩어져 있습니다. 지도자도 없고 질서도 없이, 두들겨 맞고 빼앗기고 찢기고 짓밟히면서 온갖 종류의 파멸을 겪어왔습니다.

그런데 최근에 한 줄기 빛이 어떤 한 인물에게 비치자, 사람들은 혹시 그가 이탈리아를 구원하라는 하느님의 명령을 받은 사람이 아닐까 생각하기도 했지만[4], 훗날 생의 절정에 이르렀을 때 모두가 목격했듯 운은 그를 저버렸습니다. 활기를 잃은 이탈리아는 스스로의 상처를 치유하고, 롬바르디아 약탈과 나폴리 왕국 및 토스카나에 가한 수탈에 종지부를 찍고, 오랜 세월 이미 만성이 된 고통에서 벗어나게 해줄 누군가를 기다리고 있습니다. 그렇게 야만적인 잔혹함과 오만함에서 우리를 해방시켜줄 누군가를 보내달라고 하느님께 얼마나 기도하는지 보십시오. 만일 누군가 깃발을 들면 곧바로 뒤따를 준비와 태세가 되어 있음을 보십시오.

이제 이탈리아가 희망을 걸 만한 존재는 오직 전하[5]의 탁월한 가문뿐입니다. 운과 역량을 갖춘 전하의 가문이야말로 현재 전하의 가문이 우두머리로 있는 교회[6]와 하느님의 가호를 받아 구원의 선

---

4   거의 확실하게 체사레 보르자를 염두에 두고 있다.

5   이 책을 헌정하는 대상인 로렌초 디 피에로 데 메디치를 가리킨다.

6   로렌초 2세의 삼촌 조반니 데 메디치는 1513년 3월 레오 10세로 교황의 자리에 올랐다. 마키아벨리는 이 대목을 쓰면서 그런 상황을 염두에 두었을 것이다.

두에 설 수 있습니다. 앞서 말씀드린 사람들[7]의 행적과 생애를 돌이켜보신다면 그 일이 그렇게 어렵지 않다는 사실을 아시게 될 것입니다. 비범하고 경이로운 인물들이었지만 그들 역시 인간이었고, 지금보다 유리한 기회를 얻지도 못했습니다. 그들의 과업이 지금보다 정의롭지도 수월하지도 않았던 이유는 하느님께서 전하보다 그들에게 더 우호적이지 않았기 때문입니다.

여기에 위대한 정의가 있습니다. "불가피한 전쟁은 정의롭고, 무력 외에 다른 희망이 없을 때 그 무력은 신성합니다."[8] 여기에 최상의 상황이 펼쳐져 있습니다. 만일 전하의 가문이 제가 목표로 제시한 인물들의 방식을 따르기만 한다면 최상의 상황이 펼쳐진 이곳에 별다른 위험은 없을 것입니다. 게다가 전례가 없는 사건들, 하느님께서 전하께 보내시는 특별한 징조들이 나타나고 있습니다. 바다가 열렸고, 구름이 길을 안내했으며, 바위가 물을 뿜어냈고, 만나가 비처럼 내렸으며[9], 세상 만물이 전하의 위대함을 예고하기 위해 모여들고 있습니다. 나머지는 전하께서 하셔야 합니다. 하느님은 모든 것을 직접 하시지 않습니다. 우리의 자유의지[10]와 영광의 일부를 빼앗지 않으시려는 섭리입니다.

---

7 모세, 키루스, 테세우스를 가리킨다.

8 《리비우스 로마사 2》9권 1장과 《로마사 논고》3권 12장에도 동일한 라틴어 인용이 나온다.

9 "만나"는 이집트를 탈출한 이스라엘 사람들이 광야에서 먹을 것이 없어 방황하고 있을 때 하늘에서 내려준 기적의 음식을 말한다(《출애굽기》16장 14~36절 참조).

10 25장 참조.

앞서 거명한 이탈리아인들[11] 가운데 이제 전하의 고명한 가문이 해내리라 모두가 희망하는 일을 달성한 사람이 아무도 없다고 해도 놀랄 일은 아닙니다. 이탈리아에서 일어난 수많은 격변이나 전투에서 이탈리아인들의 군사적 역량이 무너진 것처럼 보여도 의아해할 필요가 없습니다. 낡은 제도가 부실한데도 누구 하나 새로운 제도를 창안할 생각을 하지 않았기 때문입니다. 새롭게 떠오르는 사람이 새로운 법률과 제도를 만들어 내놓는다면 이보다 더 큰 영광을 가져다주는 일은 없을 것입니다. 그래서 새로운 법률과 제도가 잘 확립되고 위대함이 그 안에 깃든다면 그는 칭송과 존경을 받을 것입니다.

또한 이탈리아에는 어떤 형상이든 빚어낼 수 있는 좋은 질료가 차고 넘칩니다. 몸의 사지를 이루는 개개인에게는 있는 위대한 역량이 몸의 머리를 이루는 지도자들에게는 없습니다. 소수가 전투를 하거나 결투를 할 때[12] 이탈리아인들의 힘과 솜씨, 재주가 얼마나 탁월한지 보십시오. 그러나 군대에서는 그런 장점이 전혀 나타나지 않습니다. 이는 지도자가 유약한 탓입니다. 유능한 사람에게 복종하는 사람은 없고 저마다 자신이 제일 잘났다고 생각합니다. 지금껏 역량이나 운을 발휘하여 다른 사람을 굴복시킬 만큼 스스로 우뚝 선 사람이 아무도 없었기 때문입니다. 이런 이유로 지난

11 특히 마키아벨리가 기대를 품었던 체사레 보르자와 프란체스코 스포르차를 가리킨다.

12 마키아벨리가 떠올렸을 법한 싸움은 1503년 풀리아의 바를레타에서 벌어진 결투로, 13명의 이탈리아 기사들이 13명의 프랑스 기사들을 완전히 패퇴시켰다.

20년 동안 치른 모든 전쟁에서 이탈리아인 병사들로만 구성된 군대는 항상 좋지 않은 결과를 거두었습니다. 처음에는 타로 전투, 이어서 줄줄이 알레산드리아, 카푸아, 제노바, 바일라, 볼로냐, 메스트리 전투를 증거로 내놓을 수 있습니다.[13]

전하의 영광스러운 가문이 조국을 구했던 뛰어난 인물들[14]의 길을 따르고자 한다면 가장 먼저 전하만의 군대를 조직하셔야 합니다. 이는 모든 과업의 진정한 기초입니다. 그보다 더 충성스럽고 더 진실하며 더 훌륭한 병사들은 거느릴 수 없기 때문입니다. 그리고 개개인이 뛰어나더라도 군주의 명령을 받는 동시에 존중과 환대를 받으면, 병사들은 한데 뭉쳐 더욱 훌륭해질 것입니다. 따라서 이탈리아인들의 역량으로 우리를 외적에게서 보호하려면 그런 군대를 갖춰야 합니다.

스위스와 스페인의 보병이 매우 위협적이라는 평가가 있기는 해도, 약점도 있습니다. 따라서 제3의 편제를 갖춘 군대로 충분히 그들과 대적할 수 있을 뿐만 아니라 격파할 수도 있다고 확신합니다. 스페인 보병은 기병에 약하고, 스위스 보병은 자기들처럼 완강하게 싸우는 보병에게 공포를 느끼기 때문입니다. 그러므로 스페인

---

13 타로 전투는 샤를 8세의 군대가 패주하여 프랑스로 귀환한 전투를 가리킨다. 알레산드리아는 1499년 프랑스인들이 정복했다. 카푸아는 1501년 프랑스인들이 약탈했다. 제노바는 1507년 프랑스인들이 굴복시켰다. 바일라는 1509년 베네치아가 프랑스에 대패한 곳이다. 볼로냐는 1511년 프랑스인들이 점령했다. 메스트리는 1513년 스페인이 파괴했다.

14 모세, 키루스, 테세우스를 가리킨다.

보병은 프랑스 기병에게 저항하지 못하고 스위스 보병은 스페인 보병에게 굴복하고 만다는 사실을 이미 경험으로 알고 있고, 앞으로도 변함없을 것입니다.

후자에 대한 확실한 경험이 없기는 해도, 라벤나 전투[15]에서 그 징후를 보았습니다. 그때 스페인 보병은 스위스 보병과 동일한 전투 대형을 취하는 독일 군대를 맞아 싸웠는데, 손에 작은 방패를 쥐고 민첩하게 독일 보병의 기다란 창 사이로 파고들어 별다른 위험도 겪지 않고 적에게 치명타를 입혔습니다. 독일군은 스페인 보병의 이런 전술에 맞설 대책을 세우지 못했습니다. 기병대가 도와주지 않았다면 독일 보병은 전멸했을 것입니다. 그러므로 스페인과 스위스 보병대의 단점을 알면 기병대를 격퇴하고 다른 보병대를 두려워하지 않을 새로운 보병 편제를 조직할 수 있습니다. 무기를 적절히 혁신하고 전술을 바꾸면 가능한 일입니다. 이렇게 만든 혁신적 제도를 통해 새로운 군주는 명성과 위대함을 손에 쥘 수 있습니다.

이탈리아는 그토록 오랜 세월 기다렸던 구원자를 만나 뵐 기회를 놓치지 말아야 합니다. 외세의 침입으로 고통을 겪었던 이탈리아의 모든 지방에서 그 구원자를 얼마나 큰 사랑으로 맞이할지, 얼마나 간절한 복수의 갈망으로, 얼마나 굳건한 신뢰로, 얼마나 경건한 자세로, 얼마나 많은 눈물을 흘리며 환영할지 감히 표현할 길을 찾지 못하겠습니다. 어떤 문이 가로막겠습니까? 어떤 민중이 복종

---

15 1512년 4월 11일.

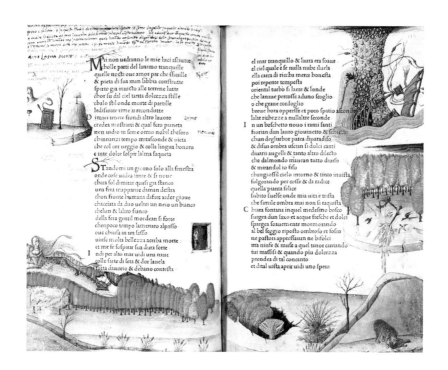

《칸초니에레》(1390년경)

인문주의를 대표하는 학자이자 시인이었던 프란체스코 페트라르카는 시집 《칸초니에레》에서 라우라를
향한 사랑과 고뇌를 노래하는 한편, 이탈리아의 정치와 종교에 대한 비판적 성찰도 보여주었다.
페트라르카는 내부 분열로 외세의 개입을 불러온 이탈리아의 처지를 지적하는 동시에 이탈리아의 번영을
축원했다. 마키아벨리는 《군주론》의 끝을 페트라르카의 시구로 장식한다. 마키아벨리는 인문주의와
르네상스라는 이탈리아의 자부심을 담은 페트라르카의 음성이 언제까지라도 울려 퍼지는
광경을 떠올렸을 것이다.

하지 않으려 하겠습니까? 어떤 질투가 그분을 대적하겠습니까? 어떤 이탈리아 사람이 그분을 추종하기 싫다 하겠습니까? 야만인이 지배하며 남긴 악취가 모든 사람의 코를 찌릅니다. 그러므로 정의로운 일 앞에서라면 품게 될 용기와 희망을 전하의 탁월한 가문이 갖고 임무를 맡으셔야 합니다. 그리하여 그 깃발 아래 조국은 고귀해질 것이며, 그 후원 아래 페트라르카의 말이 실현될 것입니다.

> 역량은 광폭함에 대항하여
> 무기를 들지니, 싸움은 짧으리라.
> 옛날의 용맹이 이탈리아인의 가슴속에서
> 아직 죽지 않았기 때문이로다.[16]

---

16 이탈리아 르네상스의 선구자 시인 프란체스코 페트라르카(1304~1374)의 시집 《칸초니에레》(김운찬 옮김, 아카넷, 2024)에 128번째로 수록된, "나의 이탈리아 Italia mia"로 시작하는 작품의 93~96행 구절이다.

마키아벨리의 현실주의 정치사상

마키아벨리의 생애와 저술

니콜로 마키아벨리는 1469년 5월 3일 이탈리아 피렌체에서 태어났다. 은퇴한 법조인이었던 아버지 베르나르도 디 니콜로 마키아벨리(1432~1500)는 딸 둘에 이어 낳은 장남 마키아벨리에게 큰 기대를 한 것으로 보인다. 살림살이는 궁핍했지만 아버지는 근면한 독서가이자 애서가였다. 마키아벨리가 정식 교육을 받을 기회를 마련하지는 못했어도 어려서부터 수사학과 철학, 역사, 라틴어 등 학문의 기본 소양을 갖추게 해주었고, 그 자신이 어렵게 수집한 고대 그리스와 로마의 고전을 탐독하는 환경을 만들었으며, 피렌체의 지식인 및 정치가들과 교류하도록 도왔다. 인문주의의 자양분을 먹고 자라나 공적 의식을 갖출 수 있었던 이력은 행정가와 외교관 시절을 거쳐 인생 후반 글쓰기에 전념하며 정치, 역사, 문학에 걸친 탁월한 걸작을 쏟아낸 원동력이 되었다.

피렌체 전경
사진 중간에 피렌체의 두오모인 산타마리아델피오레성당과 조토의 종탑, 메디치 가문의
산로렌초성당이 보이고, 왼쪽으로는 팔라초 베키오가 보인다. 피렌체의 전형적인
건축물들이다. 이에 더해 오른쪽에는 마키아벨리의 무덤이 자리한 산타크로체성당의
측면이 보인다. 그 앞으로 이탈리아 국립도서관이 위치하고, 아르노강이 흐르고 있다. 멀리
피에솔레가 피렌체시를 굽어보고 있다. 이 공간에서 마키아벨리는 공직을 수행하면서 나중에
《군주론》의 내용을 이룰 귀중한 경험을 쌓는다.

르네상스 피렌체의 사회 환경도 마키아벨리의 성장과 교육에 영
향을 주었다. 당시 피렌체는 로렌초 일 마니피코가 다스리고 있었
다. 피렌체를 이탈리아의 으뜸으로 만들었던 르네상스 문예 군주
로 잘 알려진 인물이다. 그러나 피렌체의 고매한 인문주의 이상과
강력한 권력 속에서 스멀스멀 도덕적 해이의 징후가 나타나기 시
작했는데, 이를 간파한 사람은 도미니코 수도회 수도사 지롤라모
사보나롤라였다. 그는 하느님이 군주로 계시는 일종의 그리스도

피렌체 성벽
피렌체는 도시화가 진행되면서 확장된 영역을 포괄하기 위해 9세기 이래 네 번에 걸쳐 성벽을
새로 지었다. 사진의 성벽은 1530년대에 네 번째로 구축된 성벽으로, 현재 피렌체 구시가지를
감싸고 있다. 메디치 가문이 복귀하여 권력을 다시 잡고 도시를 방어하기 위해 성벽을
대대적으로 개보수한 결과물이다. 이때 미켈란젤로가 총지휘를 했다.

교 연방 체제를 제창했으며, 로렌초 일 마니피코가 사망하면서 메
디치 가문이 축출되자 피렌체에 민주주의의 요소를 함유한 공화국
제도를 정착시키려 노력했다. 그를 교회 권력의 위협으로 간주한
당시 교황 알렉산데르 6세의 술책으로 불과 4년 뒤에 처형되고 말
았지만, 그가 제창한 공화국의 이념은 여전히 남아 있었다.

1494년 메디치 가문이 망명하고 피렌체에는 공화국 정부가 들어
섰다. 1498년 6월, 29세의 마키아벨리는 피렌체 공화국 제2 서기장

마키아벨리와 함께 앉아 있는 체사레 보르자(페데리코 파루피니, 1898년경)
뭔가를 생각하는 체사레 보르자를 지그시 바라보면서 상대를 이해하고 자신의 뜻을
전달하는 데 집중하는 마키아벨리의 모습이 인상적이다.

으로 임명되었다. 혼란스러운 정세 속에서 외교 업무를 담당하던
그는 외교 사절로 파견되어 프랑스 왕 루이 12세, 신성 로마 제국
황제 막시밀리안 1세, 교황 율리우스 2세, 교황 알렉산데르 6세, 체
사레 보르자 등 당대의 여러 권력자를 직접 대면하고 관찰할 기회
를 얻었다. 외교 업무를 정리한 그의 보고서는 날카로운 분석과 명
쾌한 전망을 제시하는 내용으로 유명했다.

  여러 인물을 만나고 생생한 정치 현장을 둘러보던 그의 눈에 비
친 것은 피렌체 권력이 부딪힌 한계와 이탈리아 도시 국가 전체의
불안정함이었다. 특히 강렬한 인상을 남긴 인물은 교황 알렉산데
르 6세의 아들 체사레 보르자였다. 마키아벨리는 체사레 보르자와

만나 협상을 벌이는 동안에도 정적을 제거하고 로마냐 공국을 세운 그의 엄격하고 야심 찬 모습에 강렬한 인상을 받았고, 그를 '새로운 군주'의 귀감으로 평가하기에 이르렀다. 그리고《군주론》의 많은 지면을 체사레에게 할애했다. 체사레가 냉엄하고 무자비하다는 세간의 평가는 큰 문제가 아니었다. 마키아벨리는 오히려 그런 평가가 이탈리아가 처한 어지러운 현실에서 정치인이 갖춰야 할 모범적인 자질과 역량을 말해준다고 생각했다.

1512년에 메디치 가문이 피렌체의 패권을 회복했다. 교황 율리우스 2세의 '신성 동맹' 군대에 밀려 피렌체 공화국 정부에 우호적이던 프랑스 군대가 피렌체에서 물러나고, 그에 따라 8월에 메디치 가문이 스페인 군대와 함께 피렌체로 복귀했다. 공화국의 허울만 남긴 채 사실상 군주국으로 바뀐 피렌체에서 마키아벨리는 직위 해제되고 공직 경력도 끝나고 말았다. 그는 1년 동안 피렌체 영토를 떠나서는 안 되며 금화 1,000피오리노를 보증금으로 지불하라는 명령을 받았다. 엎친 데 덮친 격으로 다음 해에는 새로 들어선 정부에 대한 음모죄로 고소를 당해서 구금은 물론 고문까지 받아야 했다. 그러나 혐의를 인정한 적은 없었다. 실제로 그는 공직 생활을 도덕과 청렴으로 채웠다. 메디치 정권이 공금 착복의 증거를 찾으려고 주변을 이 잡듯이 뒤졌으나, 불법 행위는 찾아낼 수 없었다. 그러던 중 메디치 가문의 조반니 추기경이 교황 레오 10세로 선출되어 내린 즉위 축하 대사면 덕분에 결국 몇 주 만에 풀려났다. 그는 피렌체 남쪽의 페르쿠시나에 있는 농장에 은신하면서, 낮에는 농사를 짓고 밤에는 공부에 전념하는 생활을 했다. 고대 그리스와 로마의 역사, 전기, 문학을 읽고 관련 글을 썼다.

마키아벨리의 주요 저술은 이 시기에 나왔다. 1492년 로렌초 일 마니피코가 죽은 후, 1494년 메디치 가문이 추방되며 사보나롤라의 혼란을 겪고, 주변 도시 및 국가들과 정쟁을 거친 뒤 1512년 메디치 가문의 복귀에 이르기까지 역사 현장의 한가운데서 몸소 축적한 경험을 고전 연구에 녹여내 보편적 정치철학을 수립하기에 이르렀다. 그의 글쓰기는 역사와 고전과의 대화이자 당대 현실과의 대화의 산물이었다. 첫 번째 결실은 페르쿠시나 농장에 은거하던 1513년, 군주의 통치 기술을 담은《군주론》으로 나왔다. 1512년 피렌체 정권을 되찾은 메디치 가문에 이 책을 헌정하여 유능한 공직자로 인정받아 다시 정계에 복귀하려 한 것 같다.[1] 그러나 메디치 가문이《군주론》에 눈을 돌리지 않자, 칩거 생활을 이어가며 1527년 6월 21일 58세의 나이로 세상을 떠나기까지 집필에 전념했다.《군주론》의 인쇄본은 그의 사후인 1532년에 나왔지만 그전에 이미 15종에 달하는 필사본을 통해 널리 퍼진 것으로 보인다.

1513년부터 1519년까지《티투스 리비우스의 로마사 처음 10권에 대한 논고》(약칭《로마사 논고》)를 썼다. 이 책은 로마의 역사학자 리비우스의《로마사》에 대한 비평서이자 로마 역사에 대한 평론서

---

1 마키아벨리는 1513년 12월 10일 친구 프란체스코 베토리에게 보낸 편지에서《군주론》을 로렌초 일 마니피코의 삼남 줄리아노 디 로렌초 데 메디치에게 헌정하려 하는데 그가 책을 읽지 않을 것 같은 걱정이 든다고 언급했다. 나중에 로렌초 일 마니피코의 장남 피에로 데 메디치의 아들 로렌초 디 피에로 데 메디치(로렌초 2세이자 우르비노 공작)에게 바치는 글로 책의 서문을 장식했다.

로서, 로마라는 국가와 권력의 탄생 및 쇠락의 원인을 분석하는 데 초점을 맞추고 있다. 마키아벨리의 무르익은 공화주의 정치사상이 담겨 있다.

1520년에 탈고한 《카스트루초 카스트라카니의 생애》에서는 자신의 정치사상에 충실한 어느 군주의 삶을 그리고 있다. 1521년 8월에 펴낸 《전쟁의 기술》은 유일하게 생전에 출판한 저술이다. 여기서 그는 군대의 형성과 제도에 대해 논의한다. 일찍이 용병제를 경계하라고 한 자신의 방침 그대로 군대는 반드시 시민병제여야 한다고 주장한다. 《군주론》에서도 피력한 내용이지만, 시민병제는 군주의 명령 아래 결집되어 애국주의를 북돋을 수 있고 승리를 위한 강한 결집력을 이끌어낼 수 있다는 이점이 있다.

이후 훗날 교황 클레멘스 7세가 되는 추기경 줄리오 데 메디치 (1478~1534)의 위임을 받아 1525년까지 《피렌체사》를 썼다. 이 책은 여덟 권으로 되어 있다. 제1권에서는 1440년까지의 이탈리아 역사를 요약하고, 제2권부터 제4권까지는 피렌체 역사의 기원에서 코시모 데 메디치가 도시로 복귀하는 1434년까지 기술하고 있으며, 제일 중요한 제5권부터 제8권까지는 로렌초 일 마니피코의 죽음에 이르기까지 메디치 가문의 역사를 다룬다. 당시까지의 역사서가 취하던 연대기 성격에서 벗어나 역사의 여러 사실을 서로 연관시키는 연속성의 의식을 보였다는 점에서 마키아벨리의 혁신적 역사관이 잘 드러나 있다. 과거의 역사를 동시대의 사실과 같은 맥락에서 해석하려는 태도는 정치적 이상주의와 현실주의를 연결하는 독자적인 관점의 깊은 뿌리에서 나온다.

그 외에 희곡 《만드라골라》(1518)와 《클리치아》(1525), 풍자시 《황금 당나귀》(1517) 등의 문학 작품을 남겼다. 인간 세상에 대한 예리한 관찰자였던 마키아벨리는 세상을 보는 심화된 생각과 감정을 문학 형식에 담아 적절히 표현했다. 당시의 급변하는 세상을 받쳐주지 못하는 윤리와 종교의 역할에 회의를 품고 욕망의 실현에 몰두하면서 행복을 찾는 인물들을 그려냈다. 그는 비윤리적이고 성적으로 타락한 인물의 욕망과 행동을 두고 어떤 변명이나 합리화, 또는 훈계도 하지 않는다. 다만 세상을 관통하는 관찰과 풍자적 묘사에 충실할 뿐이다. 한편 《언어에 대한 논의》(1514)에서는 피렌체어에 반대하는 사람들의 주장을 논박하고 단테의 언어를 찬미하며, 나아가 살아 있는 피렌체 구어가 문학어가 되어야 한다고 주장한다.

근대 정치학의 고전, 《군주론》

역사가 페데리코 샤보는 마키아벨리의 《군주론》을 정치학 저서 가운데 가장 널리 읽히고 가장 뜨거운 논쟁을 불러일으킨 책이라고 정의했다. 근대 정치학의 기원인 동시에 서구 사상 발전에 혁혁하게 기여한 책이라는 점을 생각하면 과언이 아니다. 물론 작가 윌리엄 셰익스피어처럼 '마키아벨리'를 사악한 목표를 위해 민중을 즐겨 희생시키는 모략가를 가리키는 용어로 사용한 사람도 있다. 《군주론》은 최근까지 교황청 금서 목록에 올라 있었고, 프로테스탄트

개혁자들도 마뜩잖은 책으로 취급했다.

　마키아벨리는 천재적인 정치철학자이며 세련된 르네상스인이었다. 이탈리아의 가장 뛰어난 문학사가인 프란체스코 데 상크티스는 마키아벨리를 가리켜 "그는 우리를 놀라게 하며 생각에 잠기게 한다"라고 했으며, 철학자 베네데토 크로체 역시 "마키아벨리의 문제는 결코 풀리지 않을 것"이라고 말함으로써 마키아벨리가 던지는 다양한 화두가 만만하지 않음을 보여주었다. 정치철학자 한나 아렌트는《군주론》이 그리스와 로마의 고전 사상을 16세기 이탈리아에 접목시켜 정치학의 존엄성을 회복시켜준 놀라운 결과물이라고 평가했다.

　당시의 복잡다단한 역사 상황을 예리하게 반영하고 있는 이 책은 여러 형태의 국가와 정부의 범주를 정의하는 일로 시작하여 풍부한 역사적 사례와 분석을 토대로 권력의 획득과 유지에 관한 조언을 담고 있다. 마키아벨리는 친구 프란체스코 베토리에게 보낸 편지에서 옛사람들과 대화를 나누며 얻은 생각을 정리한 작은 글 한 편이《군주론》이라고 썼다. 마키아벨리는《군주론》에서 피할 수 없는 냉엄한 현실을 마주한 정치가로서 군주가 취해야 할 처신의 방향을 적절하게 제시하고, 자기주장을 관철하기 위해 과거의 위대한 역사가 및 철학자들과의 논쟁을 불사한다. 거침없는 언변은 물론이요, 풍부한 논쟁을 야기하는 독특한 생각을 읽어낼 수 있는 것이 이 책의 가치이자 매력이다.

　《군주론》은 26장으로 구성된 짧은 책으로 크게 네 부분으로 나눌 수 있다. 책에서는 국가의 획득과 유지, 발전을 위해 군주라 불리는 예외적인 덕을 갖춘 정치 지도자가 무엇을 어떻게 해야 하는지 논의한다. 먼저, 첫 번째 부분은 1장부터 11장까지다. 여기서 마키아벨리는 군주 권력의 종류와 군주권의 형성 과정을 다룬다. 군주의 역량을 논의하기 위한 준비로서 여러 국가 체제의 예시라고 할 수 있다. 특히 7장은 체사레 보르자에 대한 평가에 집중하고 있지만, 그렇다고 그를 군주의 완벽한 모델로 제시하지는 않는다. 다만 구체적인 상황에 직면하여 비범한 식견과 역량을 쏟아붓고 군주권을 획득하기 위해 모든 장애물을 뛰어넘은 탁월한 사람으로 묘사한다. 두 번째 부분인 12장부터 14장까지는 군대에 대해 논의한다. 군대는 용병이 아니라 시민군이어야 하고 우두머리는 반드시 군주가 맡아야 한다고 역설한다. 세 번째 부분은 15장부터 24장까지로 《군주론》의 핵심 사상이 담겨 있다. 책의 절반을 할애하여 충성심, 너그러움, 자율성 등의 덕성과 불충, 인색, 탐욕, 잔인성 등의 악성을 하나하나 분석하면서, 군주가 갖추고 발휘해야 할 역량이 무엇인지 논평한다. 네 번째 부분은 25장부터 26장까지로 이탈리아의 번영을 축원하는 내용으로 이루어져 있다.

현실주의 정치사상

이탈리아 철학자 안토니오 그람시는 마키아벨리를 매우 적극적이고 실천적으로 시대와 현실에 직면한 지식인으로 평가했다. 그람시는 《군주론》을 하나의 정치적 선언이라고 했는데, 이 말은 《군주론》의 내용이 중립성을 띨 수 없는 정치적 실천을 전제로 한다는 의미다. 《군주론》은 선의 이데아, 종교적 신앙과 진리, 자연법, 인간의 이성과 같이 확고하게 인정된 가치 체계에 의존하지 않고 변화하는 유동적 현실을 직면해나가며 수립한 현실 정치용 지침서였다.

고대 철학자 플라톤은 변화하는 현실 세계에서 안정되고 예측 가능한 정치 질서를 구축하기 위해 불변하는 가치 체계를 구상하고 보편 정당한 권위 체제를 수립하려 했다. 중세 신학자 아우구스티누스와 아퀴나스는 하느님을 향해 바로 서는 인간 존재의 성취를 결점투성이 정치가 나아가야 할 근본 목표로 제안했다. 마키아벨리가 《군주론》을 쓰던 당시 네덜란드의 인문주의자 에라스무스는 군주는 성인처럼 행동해야 하며, 성공적인 지배는 지배자의 선과 필연적으로 상응한다고 주장했다. 이렇게 군주를 불변의 절대 이상이나 무결점의 고결한 신과 동격화하는 흐름이 고대와 중세 내내 본질주의적 정치 담론을 사로잡고 있었다. 그러나 마키아벨리는 변화하는 현실 맥락에 입각하여 군주를 바라봤다.

이미 많은 사람이 저술한 바 있는 이 주제에 대해 제가 다시 쓰면서 선례에서 벗어난 논지를 전개하면 오만하다고 여겨질까 두렵습니다. 그러나 제 의도는 이 문제를 이해하는 사람에게 유익한 내용을 전하는 것입니다. 따라서 사물을 상상하기보다는 사물에 대한 실제 진실에 직접 접근하는 방식이 적절하다고 생각했습니다.

저는 많은 사람이 한 번도 본 적 없고 존재한다고 알려지지도 않은 군주국과 공화국을 상상했습니다. 어떻게 사는가와 어떻게 살아야 할 것인가 사이의 거리는 지극히 멉니다. 그렇기에 행해야만 할 것을 하느라고 실제로 행하는 것을 버리는 사람은 자기를 보존하기에 앞서 파멸을 마주하게 됩니다. 모든 측면에서 선을 행한다고 표방하는 사람은 선하지 않은 수많은 사람 사이에서 파멸하고 말 테니까요. 그러므로 군주가 자신의 지위를 유지하고 싶다면 선하지 않을 수 있는 법과 필요에 따라 선을 사용하고 사용하지 않는 법을 배워야만 합니다.

—15장

마키아벨리가 말하는 "많은 사람"은 군주와 정치의 불변하는 이상적 본질과 초월적 질서를 추구하던 고대와 중세의 저술가들, 르네상스 인문주의자들 모두를 가리킨다. 사회를 이루고 사는 인간은 가변적이고 불안정한 현실 속에서 질서와 권력을 확실하게 예측하고 제어하려는 욕망을 본능처럼 갖기 마련이다. 현실 상황보다 철학 체계와 종교 신앙을 우선하는 정치 이론은 그러한 욕망에 부응한다.

그러나 마키아벨리는 추상적이고 형이상학적인 정치 이론이 아니라 변화무쌍한 현실에서 실제로 작동하는 정치 행위에 초점을 맞췄고, 역사의 구체적 현장에서 사례를 구하고 분석의 칼날을 들이댔다. 정치 현장에서는 어떻게 살아야 하고 무엇을 해야만 하는가의 당위적 문제가 아니라 어떻게 살고 실제로 무엇을 하는가의 현실적 문제가 중요하다고 생각했다. 후자를 무시하고 전자에 치우치는 군주는 권력을 획득하기도 유지하기도 힘들다. 군주는 선하지 않을 수도 있는 현실 세계의 사람들 앞에서 필요에 따라 자신의 선을 드러내거나 감추고, 사용하거나 사용하지 않는 역량을 발휘할 수 있어야 한다.

어떻게 사는가와 어떻게 살아야 하는가의 두 갈래를 놓고 마키아벨리는 이전까지 오랫동안 유지되었던 전통적 세계관을 완전히 새로운 세계관으로 대체한다. 고대와 중세는 물론 르네상스 시대까지도 종교, 정치, 도덕 차원에서 이미 정해진 숭고한 목표를 향해 나아가는 것을 인간 존재 이유로 삼았다. 인간이면 인간답게 살아야 한다는 윤리적 당위를 내세우는, 안정된 세계관이다. 이에 반해 마키아벨리는 현실에서 실제로 살아가는 양상에 초점을 맞춘다. 과녁은 없거나 흔들리는데 화살은 날아간다. 과녁이 고정되지 않았기에 화살의 궤도는 날아가는 화살이 스스로 정해나간다. 이것이 밤하늘의 별이 더 이상 앞길을 밝히지 않는 근대의 인간이 처한 새로운 세계다. 마키아벨리는 현실주의 정치사상을 세우는 가운데 어느덧 근대의 새로운 세계관을 열고 있었다.

군주의 정치 역량

군주는 번영과 안정을 공고히 하는 강한 국가를 건설하여 민중의 혼란과 궁핍을 최소화한다는 목표를 위해 자신이 얼마나 선한 개인인가 하는 고민에 휘둘리지 말아야 하고 필요에 따라 폭력의 사용도 피하지 말아야 한다. 정치 행위자가 어떤 것이 선하지 않다고 미리 판단하여 정작 필요한 행동을 거부하면 국가의 붕괴를 불러올 수도 있다. 마키아벨리는 "무장한 예언자는 모두 승리했고, 무장하지 않은 예언자는 파멸했"(6장)다고 말한다. 그가 "무장하지 않은 예언자"로 불렸던 사보나롤라의 치명적인 실수는 피렌체의 번영을 위한 구상을 실행에 옮길 강제 수단이 없었던 거라고 생각했다. 메디치 가문의 냉혹한 전제 정치에서 벗어난 윤리적 공화국의 이상을 꿈꾸었던 '선한 인간' 사보나롤라는 결국 역량 부족으로 자신의 구상을 중단해야 했다는 것이다.

마키아벨리는 정치 현상이 종교나 윤리와 구별되는 독자적 영역이고 정치 행위는 오로지 현실에 입각해야 한다고 봤다. 역량virtù 은 모름지기 군주라면 갖춰야 할 조건으로 마키아벨리의 현실주의 정치사상의 진면목을 잘 보여주는 개념이다. 종교와 윤리의 맥락에서 이 용어는 겸손과 자선, 경건, 고결과 같은 미덕을 뜻하지만, 마키아벨리의 맥락에서는 남성다움, 용맹스러움, 단호함 그리고 군사 활동과 관련된 탁월한 능력을 가리킨다(원래 라틴어의 '비르vir' 는 남성을 의미한다). 따라서 정치 행위자에게 요구되는 정치 역량은 종교와 윤리가 장려하는 미덕과 구별되어야 한다.[2]

마키아벨리는 가변적인 인간과 현실을 상대하는 절대적으로 선

---

2 그러나 마키아벨리는 역량 개념을 간단하게만 다루지는 않는다. 운이나 누군가의 호의에 기대는 대신 스스로의 힘으로 난관과 위험을 이겨내고 안으로 뛰어들어 위험을 돌파하는 용기와 행동력을 역량이라 부르면서도, 비인간적이고 잔혹한 악행과 배신까지 역량으로 간주할 수는 없다고 선을 긋는다. 다만 현실 정치에서 필요한 경우 그런 행위를 조절하여 활용할 필요는 있다고 말한다(8장 참조).

한 군주나 완전한 국가는 존재하지 않는다고 생각했을 뿐만 아니라, 종교 이상을 정치에 개입시키는 행위는 국가의 효율적 관리를 치명적으로 훼손한다고 보았다. 그리스도교도로서 국가 화합을 위한 종교의 역할을 인정했지만, 교회가 국정에 직접 간섭하면 국가도 교회도 오염된다고 주장했다. 대표적인 예로 교황 알렉산데르 6세는 프랑스 같은 큰 국가가 두려워할 정도로 매우 세속적인 정치권력을 거침없이 휘둘렀다. 애인이 한둘이 아니었고, 그 사이에서 한둘이 아닌 사생아를 두었으며, 굉장히 사치스러운 생활을 누렸고, 면죄부 판매로 얻은 재물로 아들 체사레 보르자의 군사력을 막강하게 지원했다. 교황 알렉산데르 6세는 종교의 비호 아래 오랫동안 유지되었던 보편적 통치 이념의 와해, 도덕 규범의 타락을 보여주는 대표적 사례였다.

마키아벨리의 입장은 단호하다. 그가 관찰한 당대 상황에서 종교는 본래의 신성한 목표에서 심각하게 벗어나 세속의 국가 운영에 깊숙이 관여하고 있었다. 그는 정치와 종교는 서로 다른 영역이기 때문에 다른 기준에 따라 운영되어야 하고, 적어도 종교의 가치는 정치 영역에서 최소화하여 고려해야 한다고 생각했다. 그러나 두 영역이 현실 세계 속에서 서로 겹치고 겨룬다는 사실도 마키아벨리는 잘 알고 있었다. 마키아벨리의 세속적인 눈에 종교는 내세의 구원이 아니라 국가 번영을 지탱하는 근간이었다. 선은 종교 영역에서 최고의 가치인 반면, 군주의 국가 운영 측면에서는 역량을 기준으로 판단해야 한다. 이때 역량이란 국가를 세우고 유지하는 데 필요한 현실 정치의 여러 기술과 실천 능력을 가리킨다. 이처럼 현실 정치는 목적에 따라 종교를 다룰 수 있어야 한다. 정치 영역의 독자성은 종교적 가치를 완전히 배제한다는 의미가 아니라 정치 영역이 특수하다는 맥락에서 이해해야 한다.

정치와 종교의 이러한 길항 관계는 정치와 윤리의 관계에 고스란히 적용된다. 마키아벨리는 안정된 정치 상황에서라면 군주는 윤리의 가치를 따라야 하는데, 이때 정치와 윤리의 영역은 겹칠 수 있다고 강조했다. 물론 정치적 필요에 따라 윤리적 가치를 배제하고 연기해야 하겠지만, 비정하고 냉혹한 행위를 해야 하는 경우에는 정치가의 삶보다 개인의 삶이 우위에 있다고 인정했다. 현실 세계에서 정치가 윤리에 제어되지 않으면 반드시 부패하고, 윤리가 정치의 보호를 받지 않으면 개인의 자유까지도 훼손된다. 이는 군주가 정치적으로 판단하고 실행할 때, 때로는 깊은 윤리적 고뇌를 수반한다는 뜻이다.

군주의 고독

군주는 기존의 모든 가치 체계를 초월하여 눈앞의 현실을 기준으로 스스로 결정을 내려야 한다(그래서 군주는 늘 고독하다). 뭔가를 반드시 어떻게 해야 한다는 당위를 내세워 무조건 밀어붙이는 것이 아니라 현실에서 사람들이 어떻게 생각하고 반응하는지에 비추어, 시대의 상황과 맥락에 맞춰 유연하게 행동해야 한다는 의미다. 군주는 스스로 어떤 사람이냐가 아니라 실제로 어떻게 보이느냐를, 본질이 아니라 외양을 중요시해야 한다. 결국 기준은 역량의 본질이 아니라 역량의 활용이다. 자신의 행동이 겉으로 어떻게 보이고 실제로 어떤 효과를 일으키느냐 하는 문제를 정확히 판단하고 실행하는 것이 곧 군주의 역량이자 책임이다.

이런 면에서 마키아벨리는 군주는 필요에 따라 인간이자 짐승으로 행동할 수 있어야 한다고 조언한다.

> 군주는 짐승을 잘 활용할 줄 알아야 하는데, 특히 여우와 사자를 모방해야 합니다. 사자는 올가미에서 벗어나지 못하고 여우는 늑대의 공격을 막지 못하기 때문입니다. 따라서 올가미를 알아채려면 여우가 되어야 하고 늑대를 쫓아내려면 사자가 되어야 합니다. 단순히 사자에 의존하는 사람은 이런 사실을 제대로 이해하지 못합니다. 그러므로 신중한 군주는 신의를 지키다가 불리한 상황이 닥치거나 신의를 약속한 이유가 사라졌을 때, 신의를 지킬 수도 없고 지켜서도 안 됩니다.
>
> —18장

사자와 여우의 유명한 비유는 마키아벨리를 종교와 윤리를 제어하는 현실주의 정치사상가로 각인시킨 결정적 요소로 알려져왔다. 고대 철학자 키케로는 《의무론》에서 분쟁을 해결하려면 설득과 폭력이 필요하지만, 설득은 인간에 속하고 폭력은 짐승에 속하기 때문에 폭력은 설득으로 해결되지 않을 때만 사용해야 한다고 말한다. 이에 대해 마키아벨리는 인간과 짐승의 방법을 둘 다 잘 사용해야 한다고 결론짓는다. 키케로는 《의무론》에서 법을 어기는 두 가지 요인으로 힘과 사기를 들어 각각 사자와 여우에 비유하기도 했다. 반면 마키아벨리는 군주는 사자이면서 여우가 되어야 한다고 강조한다. 고대 및 그리스도교 정치사상에서 주장하는 도덕규범을 인정하면서도, 예외 상황이 일어나는 현실에서는 때로 사자와 여우처럼 행동할 필요가 있음을 환기해준다. 악과 불신이 판치는 정치 현실에서 언제나 명예만 고수하는 군주는 몰락을 피할 수 없다 (15장). 군주는 사랑이 아닌 두려움의 대상이 될 필요가 있고, 상황에 따라 잔인해질 필요도 있다(17장). 군주는 필요에 따라 신의를 지키지 않아도 되고 지켜서도 안 된다. 필요에 따라 영악하고 능수능란하게 속일 수 있어야 하고, 위장과 은폐의 대가가 되어야 한다 (18장).

군주의 성품이 실제로 악할 필요는 없으나 악한 것처럼 보일 필요가 있다. 선한 성품도 실제와 상관없이 필요에 따라 보여줘야 한다. 정치는 본질이 아니라 외양의 영역에 속하기 때문이다. 정치는 어떤 하나의 진실이 이루어지는 곳도, 그 진실을 이루어야 할 곳도 아니라 군주가 설정한 목표를 현실적으로 추구하는 장이다. 이때 군주는 개인의 가치관과 현실의 정치적 효과를 구분해야 한다. 예를 들어 군주의 너그러움은 개인의 미덕이지만 국고 탕진과 증세로 이어져 정치적 실패와 함께 악덕이 되는 반면, 군주의 인색함은 개인의 악덕이지만 국부의 증진과 세금의 적절한 운용으로 이어져 정치적 성공과 함께 미덕이 될 수 있다(16장). 따라서 군주는 개인의 가치관을 내세우지 말고 정치 목표에 따라 얼굴을 바꿀 수 있어야 한다. 군주 자신이 어떠하냐가 아니라 실제로 어떻게 보이느냐에 따라 정책의 결과가 달라지기 때문이다. 결과가 좋으면, 즉 국가를 잘 유지하면 수단도 언제나 좋았다는 평가를 받는다. 군주가 국가를 잘 유지하기만 하면 사람들은 군주의 선을 칭송하고 악은 변호한다(18장).

군주는 정치를 일선에서 수행하는 사람답게 현실에 기준을 두고, 때로는 자신의 이상을 감추고 결단을 내리며 과감한 행동에 나설 줄 알아야 한다. 아첨꾼들에 둘러싸여 혼란을 자초하는 우유부단한 군주에게는 자신의 방식과 생각에 따른 혼자만의 결단이 필요하다. 현명한 군주라면 오로지 국가를 보호하고 유지하며 발전시키는 일이 자신의 역할임을 잘 안다. 홀로, 어떠한 기존 이념에도 기대지 않고 스스로의 방식과 생각에 따라 결단을 내려야 하는 외로움은 성공적인 군주가 짊어져야 할 운명이다.

마키아벨리는 특정 유형의 기존 정치 체제를 본질적으로 정의하려 하지 않는다. 그는 한 국가의 건설과 발전을 위해서는 군주의 새로운 역할이 필요하다는 점을 강조한다. 여기서 새롭다는 것은 기존 체제를 전면적이고 급진적으로 거부한다는 의미이고, 따라서 기존의 분류에 따라 마키아벨리를 군주주의자나 공화주의자로 규정할 수 없다는 뜻을 내포한다. 정치란 변화하는 현실에 기준을 두고 그에 대처하는 행위라 생각했기에 그의 사상은 모호하고 정체는 베일에 싸인 듯 보인다.

마키아벨리는 군주정이냐 공화정이냐를 두고 논쟁하고 둘 중 하나를 선택하기보다는 피렌체라는 현실의 공동체를 검토 대상으로 삼았다. 오로지 현실에 근거하여 정치를 생각했다. 그래서 정치 현실이 아닌 것, 이를테면 종교와 윤리의 선험적이고 본질적인 가치를 가급적 배제하려 했다. 정치 행위에서 고려해야 할 것은 권력의 획득과 유지라는 현실뿐이다. 이를 위해 필요하다고 판단하면 군주는 폭력, 기만, 선전 선동 등 할 수 있는 모든 수단을 동원해야 한다. 권력을 행사하여 국가를 올바로 이끌어가기 위해서는 오로지 당면한 현실만을 참조하면서 모든 힘을 쏟아부어야 한다. 이는 기존 체제에 전적으로 의존하는 대신 자신만의 새로운 생각을 세우고 그 위에서 새로운 권력을 유지하려는, 자유로우면서도 고독한 일이다.

그러나 마키아벨리의 고독에는 기존 정치 체제들에 대한 충분한 이해와 고려가 스며들어 있다. 그는 고대 철학과 그리스도교의 정치 이론을 전면 거부하지 않았으며, 다만 각각의 단점을 보완하고 장점을 정리하여 결론을 제시하고 이를 정책 수립에 참고하려 했다. 그는 고대 정치사상가들처럼 정치적 미덕의 실천이 필요하다 인정했고, 그리스도교 정치사상가들처럼 신은 선한 정치 체제를 유지하는 사람들에게 은총을 내린다고 생각했다. 그는 현실 권력과 보편 가치를 적절하게 조화시키는 길을 고독한 명상 속에서 바라보는 군주를 상상했다. 현실에 정면으로 맞서며 펼치는 군주의 역량은 그 내면의 정신적 깊이에서 나온다.

민중의 역할

인간의 삶은 운명과 역량으로 이루어진다. 운명은 군주뿐만 아니라 무릇 인간이 정치적 행위자로서 처한 근본 조건이자 상황이다. 운명은 인간 삶을 지배하는, 제어하고 저항하기 힘든 거대한 물결이나 폭풍과 같다. 인간의 운명은 늘 행복하지도 늘 불행하지도 않다. 다만 인간은 역량을 발휘하여 운명에 적극적으로 대처해야 한다. 이때 역량의 발휘란 운명의 직접적 통제보다는 역량 자체의 통제를 뜻한다. 풀 속의 은밀한 뱀처럼 어디로 갈지 알 수 없는 운명에 대비하여 역량을 채워둬야 한다. 지혜, 용기, 자기 관리, 결단, 실천의 능력을 미리 준비하고 조절하여 행사하면서 운명에 맞설 수 있어야 한다. 인간 삶에서 운명이 반을 차지하고, 나머지 반은 자유의지에 따르는 역량에 따라 달라진다(25장).

군주는 자신의 속살을 느끼고 분별하는 소수보다 자신의 겉모습만 보고 따르는 다수 민중을 국가 운영의 정치적 동반자로 삼는다. 소수는 가신으로 중용하고 지지를 확보하는 대상이지만, 민중은 군주가 국가를 운영하기 위해 결국 함께해야 할 주체이기 때문이다. 소수는 언제든 내칠 수 있지만, 민중은 그럴 수 없다. 민중은 어떤 형상이든 빚어낼 수 있는 질료다. 민중에게는 군주가 원래 품었을 의도보다 그가 빚어낸 형상이 중요하다(18장). 이는 군주가 운명이 몰고 올 예측 불허의 결과까지도 책임지는 역량을 갖춰야 한다는 뜻이다. 어떻게 해서든 결과를 만들 때, 과정의 대부분은 용서될 수 있다. 결과가 수단을 변명한다는 널리 알려진 문장은 군주의 수단은 아무래도 좋다는 식이 아니라 군주가 국가 운영의 결과에 무한 책임을 진다는 식으로 해석되어야 한다.

마키아벨리는 모름지기 군주는 민중의 마음을 얻기 위해 역량을 집중해야 한다고 역설한다. 바로 이때 역량은 군주 한 명보다 민중 다수의 것이 된다. 민중의 역량을 키우고 발휘하도록 하는 것이 중요하다는 뜻이다. 민중의 역량을 억압하면 민중은 정치와 공공선에 대한 관심을 잃고, 이는 소수 기득권 계층의 전횡을 초래할 수 있다. 민중은 지배받지 않으려 할 때 가장 건강하고, 소수 지배층은 민중이 지배받지 않도록 헌신할 때 가장 고결하다. 정치의 목적은 그것이 무엇이든 민중이 역량을 자유롭게 발휘할 수 있도록 보장할 때 실현된다.

인간 본성을 바라보는 마키아벨리의 견해가 어둡고 염세적인 듯해도, 그 또한 성공적인 국가는 민중 개개인이 행복한 삶을 누릴 수 있는 기회와 장을 제공한다고 믿었다. 통치자는 정치적 자유를 최고의 가치로 여겨야 하고, 공공선을 위해 헌신해야 하며, 민중의 자유로운 삶을 위해 스스로 고도의 시민적 역량을 보여주어야 한다고 생각했다. 정치는 최고의 도덕과 지성을 발휘하는 장이어야 했다. 또한 법의 지배 아래 공공선을 성취하기 위해 민중이 자유롭고 공정한 공동체를 유지하고 그를 통해 행복을 향유해나가는 일이어야 했다.

마키아벨리가 예로 드는 네 명의 고대인인 모세, 로물루스, 테세우스, 키루스는 민중을 위한 새로운 국가의 주춧돌을 놓기 위해 최선의 노력을 경주한 인물들이다. 마키아벨리는 이들을 "무장한 예언자"로 불렸는데, 자기 시대에도 강력한 국가에 기초하여 이탈리아반도의 여러 왕국과 도시 국가를 통합하는 비슷한 영웅이 나오기를 기대했다. 그러나 일단 그런 국가가 세워지고 나면 군주의 힘은 민주적 제도로 측정하고 제어해야 한다고 생각했다.

그런 면에서 마키아벨리는 민중의 자유로운 역할을 중시했다. 그는 민중의 성격을 잘 알려면 군주가 되어야 하고, 군주의 성격을 잘 알려면 민중이 되어야 한다고 지적한다(헌사의 편지). 아울러 군주를 보호하는 최고의 요새는 민중의 미움과 경멸을 받지 않는 것이라고 강조한다(19장과 20장). 민중의 지원과 두려움을 조절하여 통치하는 군주는 힘으로만 통치하는 전제 군주와 질적으로 다르다. 마키아벨리는 군주와 소수 귀족, 민중 사이에 작용하는 절묘한 힘의 균형에 특히 관심을 기울인다.

이런 맥락에서 마키아벨리는 군주가 귀족에 의존할 때 지극히 신중해야 한다고 주장한다(9장). 귀족은 군주의 권력을 유지해주는 대신 많은 것을 요구하며 때로는 권력 교체를 생각하기 때문이다. 한편 민중의 지원은 더 변덕스럽고 조절이 어려울 수 있지만, 어려운 시기에는 정당성의 원천을 제공받는다는 장점이 있다. 3장에서 그는 "거느린 군대가 아무리 막강하다 하더라도 어떤 지역에 들어가려면 지역 주민들의 지지가 필요"하다고 지적한다. 아울러 민중은 아무리 오랫동안 종속되어 있어도 한때 누렸던 자유나 자랑스럽게 여겼던 법률과 제도를 잊지 않는다는 사실을 관찰하면서 은연중에 공화주의적 공감을 드러낸다. 군주가 권력을 강탈하고 법위에 군림한다 해도 민주적 자유와 법의 지배는 사라지지 않으며,

그것을 향한 인간의 열망은 잊히거나 소멸되지 않는다.

마키아벨리는 군주가 출중하게 발휘해야 할 역량은 군주 개인이 아니라 민중을 향한다고 말한다. 이 점을 들여다봐야 《군주론》에 대해 널리 퍼진 오해를 씻을 수 있다. 《군주론》은 권력을 획득하고 유지하기 위해 수단과 방법을 가리지 않는 권모술수를 장려하는 책이 아니다. 군주가 국가를 올바로 다스리기 위해서는 국가를 구성하는 제반 요소와 최선의 관계를 유지해야 하는데, 그 제반 요소를 대표하는 주체가 민중이다. 때로는 권모술수도 필요하고 폭력도 동원할 수 있으나 최소화하고 단기간에 그쳐야 한다. 더욱이 권력의 획득과 유지는 그런 것들만으로 가능하지 않다. 군주는 권력이란 민중에게서 나온다는 진리를 늘 기억하고 민중의 마음을 얻기 위해 최대의 역량을 기울여야 한다.

마키아벨리의 공화주의적 사유

《군주론》의 마지막 장은 민중을 향한 호소문이다. 본문의 내용과 매끈하게 연결되지 않는다는 세간의 평가와 달리, 본문에서 펼친 주장을 하나로 묶어 실행의 무대로 옮기라고 요청하는 목소리가 강하다. 민중에 대한 호소는 마키아벨리의 공화주의 목표로 연결된다. 마키아벨리가 권력의 획득과 유지를 외친 철저한 현실주의자라는 평가는 그가 정의로운 공화주의의 사유를 수행했다는 주장과 대립하지 않는다. 그는 획득하고 유지해야 할 권력이 어떠해야 하는지를 늘 생각했다. 1521년, 피렌체의 곤팔로니에레를 지냈던 피에로 소데리니가 시골에 머물며 글을 쓰던 그를 프로스페로 콜론나 용병대장의 비서직에 추천했을 때 그는 높은 급료를 마다하고 거절했다. 그전에 라구사 공화국의 행정처장직 제안을 거부한 적도 있었다. 반면 메디치 가문의 시시한 업무를 수행하는 말단 공직에는 기꺼이 몸을 던져 최선의 노력을 다하려 했다. 과거 피렌체 공화 체제에서 봉직하며 품었던 이상을 실현하려는 바람이 강했다는 이야기다. 피렌체를 향한 큰 사랑과 공화 체제에 대한 굳은 믿음을 보여준다.

마키아벨리는 군주정 시대를 살아가는 공화주의자로서 《군주론》을 썼다. 《군주론》에 이어 집필한 《로마사 논고》에서는 시민의 자유 보장을 위한 체제로 공화주의를 적극 옹호했고, 《피렌체사》에서는 피렌체 시민들에게 자유로운 시민의 삶을 위해 과거에 상실한 공화주의 전통을 되살리자고 호소했다. 그는 고대 그리스와 로마의 정치를 사유하는 동시에 당대의 현실 문제를 정면으로 직시하고 실용적 차원에서 생각을 전개했다. 메디치 가문에 《군주론》을 헌정했지만, 이미 목표는 메디치 가문의 인정을 받는 차원을 훨씬 넘어서 있었다. 그는 정치 행위의 성공을 위해서는 한 명의 군주보다 전체 민중이 더 안정된 판단력을 지닌다고 말한다. 비록 《군주론》에서는 아직 미미했을지 모르나, 그의 생각은 사회의 다수 구성원이 주권을 갖고 행사하는 더 완전한 정치 체제를 향해 뻗어가고 있었다.

마키아벨리의 무덤
산타크로체성당에는 단테 알리기에리나 미켈란젤로 부오나로티, 갈릴레오 갈릴레이처럼
피렌체를 빛낸 위대한 인물들의 무덤이 있다. 마키아벨리의 무덤은 간결한 고전적 스타일로 꾸며졌다.
"이름에 걸맞은 찬사는 없다Tanto nomini nullum par elogium"라는 문구가 새겨져 있다.
마키아벨리의 독창적 사상과 업적에 대한 깊은 경의를 읽을 수 있다.

《군주론》의 현재적 의의 또는 우리 시대의 군주

정치의 목적은 그것이 무엇이든 공동체 구성원의 자유를 보장함으로써 달성될 수 있다. 다수 구성원이 정치의 토대이자 핵심이다. 《군주론》은 무자비하고 이기적인 지도자를 키우는 책이 아니라 당면한 현실의 정치적, 지적 흐름을 객관적으로 바라보고 그 물결을 헤쳐나가는 지도자의 자질을 권고하는 책이다. 16세기 당대는 물론 현대의 독자를 사로잡고 충격에 빠뜨리며 영감을 준다. 일자리를 얻기 위해 국정과 외교 기술에 관한 지식을 시범적으로 보여주려 썼다고는 하지만, 시공간을 가로지르는 놀라운 통찰력으로 권력과 인간의 보편적 본성을 남김없이 보여준다.

우리 시대의 군주는 누구이고 무엇인가? 단테가 말하듯, 역량 있는 군주는 등 뒤로 등불을 들어 자신이 아니라 자기 뒤에 있는 사람들의 앞길을 밝히는 길잡이가 된다. 사람들의 역량을 키우는 것이 군주의 가장 큰 역량이다. 이 말은 고스란히 개인들 각자가 맡아야 할 주도적 역할로 연결된다. 개인의 역량은 디지털 감시, 소셜 미디어, 경제적 불평등, 정치적 억압, 기후 생태 변화 등 지구적 위기의 시대에, 진실이 은폐되고 조작되며 협상의 대상이 되는 어둠의 시대에 휩쓸리지 않고 정면으로 맞서는 가운데 발휘되고 발전된다.

《군주론》은 정치 지도자만 읽는 책이 아니다. 또한 흔한 처세술로 읽고 활용할 책도 아니다. 현실의 삶 깊은 곳에 자리한 원리를 들여다보고, 삶을 회피하지 않고 맞서 견디고 조절하려는 사람들, 삶의 공동체를 위해 움직이고 싶은 개개인 모두의 필독서다. 우리 시대의 군주는 시대를 이끌어가는 개개인 모두이며, 시대의 위기를 극복하려는 운동이나 개념, 어떤 흐름이기도 하다. 그 군주들은 정의로워야 할 뿐 아니라 정의를 현명하고 따뜻하게 실현할 줄도 알아야 한다. 우리 시대가 당면한 거대한 운명을 읽을 줄도 알아야 하고 새로이 개척하며 세워나갈 의지를 발휘할 줄도 알아야 한다. 《군주론》은 우리 모두에게 그러한 자세와 방법을 알려주고 그들에 대한 믿음을 호소한다. 그 깊은 울림에 귀를 기울이기를 기다리며 우리 앞에 놓여 있다.

1469년

5월 3일, 피렌체에서 태어났다.

1476년

라틴어 공부를 시작했다.

1479년

카스티야 여왕 이사벨과 아라곤의 페르난도가 스페인 연합 왕국을 세웠다.

1481년

11월, 파올로 다 론칠리오네에게 교육을 받기 시작했다.
1480년대 후반 피렌체대학에서 마르첼로 아드리아니의 강의를 들었다.

1492년

4월 8일, 로렌초 일 마니피코가 사망하고 피에로 데 메디치가 뒤를 이었다.

8월 11일, 알렉산데르 6세가 교황으로 즉위했다.

1494년

9월, 프랑스 왕 샤를 8세가 이탈리아를 침공하여 나폴리 왕국을 점령했다.

11월, 피에로 데 메디치가 추방되었다.

12월, 사보나롤라의 집권 아래 피렌체 공화정이 시작되었다.

1497년

5월, 교황 알렉산데르 6세가 사보나롤라를 파문했다.

1498년

4월 7일, 프랑스의 샤를 8세가 사망하고 루이 12세가 뒤를 이었다.

5월 23일, 사보나롤라가 이단 혐의로 처형되었다.

6월 15일, 피렌체 공화국의 제2 서기장으로 선출되고 한 달 뒤에 외교와 통치를 관장하는 10인 위원회 비서를 겸직했다.

11월, 피옴비노에 외교 사절로 파견되면서 외교관 업무를 시작했다.

1499년

7월, 카테리나 스포르차에게 사절로 갔다.

10월, 프랑스의 루이 12세가 침공하여 밀라노를 점령했다. 체사레 보르자가 로마냐 정복을 시작했다.

1500년

2월, 피스토이아에 사절로 갔다.

5월 19일, 아버지가 사망했다.

7월, 프랑스 궁정에 사절로 가서 1501년 1월까지 머물렀다.

1501년

7월, 피렌체가 지배하던 피스토이아에서 일어난 분쟁을 진압하기 위해 파견되었다.

8월, 마리에타 코르시니와 결혼했고 이후 여섯 명의 자식을 두었다.

1502년

10월, 이몰라의 체사레 보르자에게 사절로 갔다.

12월, 체사레를 따라 체세나와 세니갈리아에 갔다.

1503년

1월, 체사레의 궁정에서 돌아왔다.

4월, 시에나에 사절로 갔다.

8월 18일, 교황 알렉산데르 6세가 사망했다. 피우스 3세가 새 교황에 즉위한 지 약 한 달 만에 사망하고 11월 1일 줄리아노 델라 로베레가 교황 율리우스 2세로 즉위했다.

10월, 율리우스 2세의 교황 선출 과정을 보고하기 위해 로마에 사절로 갔다.

12월 28일, 피에로 데 메디치가 망명 중에 사망했다.

1504년

1~2월, 프랑스의 루이 12세에게 사절로 갔다.

7월, 시에나의 판돌포 페트루치에게 사절로 갔다.

1505년

12월, 피렌체 군대를 복원하자는 마키아벨리의 제안이 잠정적 승인을 얻었다.

1506년

1월, 피렌체 북부의 무젤로에서 수행된 군대 징집을 지원했다.

2월, 마키아벨리가 조직한 피렌체군이 첫 사열식을 거행했다.

8~10월, 교황청에 사절로 갔다. 율리우스 2세를 따라 비테르보, 오르비에토, 페루자, 우르비노, 체세나, 이몰라를 방문하면서 교황의 활약을 지켜봤다.

12월, 피렌체군을 관장하기 위해 설치된 9인 군사위원회의 서기로 임명되었다.

1507년

12월, 신성 로마 제국의 막시밀리안 1세 황제에게 사절로 갔다.

1508년

6월, 막시밀리안 1세 황제 궁정에서 돌아왔다.

1510년

6~9월, 프랑스의 루이 12세에게 세 번째로 사절로 갔다.

1511년

9월, 프랑스의 루이 12세에게 네 번째로 사절로 갔다.

11월, 율리우스 2세가 스페인 및 베네치아와 함께 프랑스에 대항하는 신성 동맹을 맺었다.

1512년

8월, 신성 동맹이 스페인군을 보내 피렌체를 공격했다.

9월, 피렌체가 항복하고 줄리아노 디 로렌초 데 메디치가 복귀했다. 공화정이 무너졌다.

11월 7일, 마키아벨리가 관직에서 해임되었다.

11월 12일, 1년 동안 피렌체 영토 밖으로 나갈 수 없다는 판결을 받았다.

1513년

2월, 반메디치 음모에 연루된 혐의로 기소되고 수감되어 고문을 받았다.

2월 20일, 율리우스 2세가 사망했다.

3월 9일, 조반니 데 메디치가 교황 레오 10세로 즉위했다.

3월 11일, 특사로 감옥에서 풀려났다.

4월, 피렌체 남쪽 인근 페르쿠시나의 산탄드레아에 위치한 농장에서 칩거를 시작했다. 프란체스코 베토리와 서신 교환을 시작했다.

8월, 로렌초 디 피에로 데 메디치가 피렌체 정권을 장악했다.

12월 10일, 프란체스코 베토리에게 보낸 편지에서 《군주국에 대하여》라는 작은 책을 썼다고 언급했다.

1515년

《로마사 논고》 집필을 시작했다. 공화파 코시모 루첼라이의 토론 모임에 합류했다. 훗날 《로마사 논고》를 루첼라이에게 헌정했다.

1518년

희곡 《만드라골라》를 썼다.

1519년

《로마사 논고》를 완성했다. 《전쟁의 기술》을 썼다.

1520년

《카스트루초 카스트라카니의 생애》를 썼다.

11월, 훗날 교황 클레멘스 7세가 되는 추기경 줄리오 데 메디치에게 《피렌체사》 집필을 요청받았다.

1521년

《전쟁의 기술》을 출간했다.

1525년

1월, 희곡《클리치아》를 쓰고 피렌체에서 상연했다.

5월, 교황 클레멘스 7세를 방문하여《피렌체사》를 증정했다.

1526년

《만드라골라》를 수정하고 가필했다.

1527년

6월 21일, 사망하여 그다음 날 산타크로체성당에 묻혔다.

1531년

《로마사 논고》가 출간되었다.

1532년

《군주론》과《피렌체사》가 출간되었다.

찾아보기

256

옮긴이 박상진

한국외국어대학교에서 이탈리아 문학을 공부했고, 영국 옥스퍼드대학교에서 문학 이론으로 문학박사 학위를 취득했다. 미국 하버드대학교와 펜실베이니아대학교, 캘리포니아대학교 버클리캠퍼스에서 방문 교수로 단테와 비교문학을 연구했다. 이탈리아 문학과 세계 문학, 동서 문명 비교, 르네상스, 예술사 등을 가르쳤으며 현재 작가, 번역가, 인문학 연구자로 활동하고 있다. 2020년에 단테 연구 업적을 인정받아 이탈리아에서 제47회 플라이아노 학술상을 수상했다.《이탈리아 문학사》,《이탈리아 리얼리즘 문학비평 연구》,《단테 신곡 연구: 고전의 보편성과 타자의 감수성》,《사랑의 지성: 단테의 세계, 언어, 얼굴》,《단테가 읽어주는 '신곡'》,《단테: 궁극의 구원을 향한 여행》,《A Comparative Study of Korean Literature: Literary Migration》등을 썼고《대중문학론》,《신곡》,《데카메론》,《보이지 않는 도시들》,《아방가르드 예술론》,《레퀴엠》,《인도 야상곡》,《연기 인간》등을 옮겼다.

군주론

제1판 1쇄 발행	2024년 12월 5일

지은이	니콜로 마키아벨리
옮긴이	박상진
펴낸곳	(주)문예출판사
펴낸이	전준배
출판등록	2004.02.11. 제 2013-000357호
	(1966.12.2. 제 1-134호)
주소	04001 서울시 마포구 월드컵북로 21
전화	02-393-5681
팩스	02-393-5685
홈페이지	www.moonye.com
블로그	blog.naver.com/imoonye
페이스북	www.facebook.com/moonyepublishing
이메일	info@moonye.com
ISBN	978-89-310-2411-1 04080
	978-89-310-2274-2 (세트)

잘못 만든 책은 구입하신 서점에서 바꿔드립니다.

&문예출판사® 　　상표등록 제 40-0833187호, 제 41-0200044호